AF409030

DISCURSO SOBRE EL ARTE DE LA GUERRA

Qi, Wu

  Discurso sobre el arte de la guerra / Wu Qi. - 1a edición especial - Ciudad Autónoma de Buenos Aires : Granica, 2021.

  120 p. ; 22 x 16 cm.

  Traducción de: Rodrigo Cipiliano.
  ISBN 978-987-8358-43-7

  1. Estrategias Militares. I. Cipiliano, Rodrigo, trad. II. Título.
  CDD 181.11

Diseño: Christian Argiz

Ediciones Granica S.A.
Lavalle 1634, 3º
C1048AAN, Buenos Aires, Argentina
Tel.: +5411-4374-1456 / Fax: +5411-4373-0669

www.granicaeditor.com
www.facebook.com/ediciones.granica
@ediciones.granica

ISBN 978-987-8358-43-7
Impreso en Argentina en mayo de 2021.
1a. edición - Ciudad Autónoma de Buenos Aires.

© 2021 Granica
Hecho el depósito que marca la ley 11.723.

Traducción del chino antiguo y comentarios de Rodrigo Cipiliano

Prefacio de Andrés Hatum y Eugenio Marchiori

GRANICA

Prefacio

por Andrés Hatum y Eugenio Marchiori

Mientras en China Wu Qi (440-381 a. C.) escribía su *Discurso sobre el arte de la guerra*, en Grecia, espartanos y atenienses libraban la Guerra del Peloponeso, Sócrates (470-399 a. C.) recorría las calles de Atenas predicando y creando así una de las primeras "grietas" de la cultura occidental, y Platón (427-347 a. C.) elaboraba sus diálogos. Los consejos estratégicos y tácticos de Wu Qi son tan universales que podrían haber nacido de la experiencia de generales griegos como Temístocles, Pericles o Laques. Recuerdan a otros grandes pensadores de la guerra como Sun Tzu, Nicolás Maquiavelo y Klaus von Clausewitz. El pragmatismo de Wu Qi atraviesa siglos y geografías. Entonces, ¿cómo no trasladar sus lecciones a las feroces guerras comerciales que libran en el mundo de hoy las compañías? En cada pasaje, nuestro autor invita a reflexionar sobre lo que ocurre en los hipercompetitivos mercados actuales. Las asociaciones bélicas entre los combates militares y los comerciales son inevitables. Repasemos algunos de esos pasajes.

Sobre la capacidad crítica

En función del pasado, puedo deducir el futuro. Rey soberano, ¿por qué sus palabras no son sinceras? Durante todo el año ha matado animales salvajes y les ha quitado la piel.

Luego de que el soberano Wu Hou le manifestara su desagrado por los asuntos de la guerra, lejos de la obsecuencia, Wu Qi lo desafía de manera frontal, honesta y valiente, hasta el extremo de cuestionar la sinceridad de sus palabras. Esa actitud independiente es imprescindible para que en un equipo no se caiga en el *groupthink*, lo que ocurre cuando ninguno de sus integrantes mantiene una visión crítica de la realidad. Atreverse a desafiar a un superior requiere dos condiciones imprescindibles: coraje de aquel que desafía, y tolerancia y apertura por parte del desafiado. Sin estos requerimientos se podrían cometer errores graves (abundan los ejemplos), y además se interrumpen el crecimiento y el aprendizaje que facilita el diálogo abierto y bien intencionado. Es responsabilidad del líder crear el ambiente para que los miembros del equipo sientan libertad para cuestionar la opinión del grupo en general y la de sus miembros en particular, en especial la del líder.

Sobre la elección de los enemigos

Wu Qi cuestiona la aptitud de la construcción de los carruajes de guerra, y le dice al soberano:

... ¿no entiendo cuál es el uso que les dará? Si desea utilizarlos para hacer la guerra y no ha buscado hombres capaces de manejarlos, esto bien puede compararse con una gallina que, empollando sus huevos, decide

trabar pelea con un mapache, o con un cachorro de perro que aún estando en periodo de lactancia ataca a un tigre. Aunque ambos posean una completa determinación de lucha, inevitablemente hallarán la muerte.

Saber elegir a los enemigos es un principio estratégico básico. ¿Para qué combatir a aquellos que sabemos de antemano que no podremos vencer? Antes de lanzarse a la aventura habrá que prepararse con cuidado. Actuar de otra manera sería necio y soberbio. Los líderes deberían seguir el consejo de los griegos y ser prudentes. La desmesura (*hybris*) que impulsa a algunos a desafiar a los dioses es un pecado que ellos nunca perdonan.

Sobre la justicia y la benevolencia

Por lo tanto, sufrir el ataque del enemigo y no atreverse a entrar en guerra no es justicia; apenarse por los muertos no es benevolencia.
El Dao se utiliza para recuperar los instintos naturales bondadosos de la gente; la "justicia", para lograr trabajos meritorios; la "estrategia", para inclinarse hacia lo que es favorable y evitar lo que resulta perjudicial [ventajas y desventajas]; lo "importante" (要) se utiliza para proteger, preservar y consolidar los logros.

El historiador inglés Quentin Skinner explica que Nicolás Maquiavelo estaba interesado por tres de las virtudes que debe tener un príncipe. La primera es la justicia, entendida como la integridad (el mantener las promesas); la segunda es la generosidad o liberalidad, y la tercera, la clemencia.

Para Maquiavelo, la primera obligación del príncipe es hacer todo lo necesario para mantener el Estado, esto es, las instituciones que se le han confiado. Esta obligación suprema lo libera de –si fuera necesario– cumplir con la virtud de la justicia, en especial con los enemigos. A su manera, Wu Qi propone algo similar, aunque en su caso dice que deja de ser justicia algo que queda librado al criterio del soberano.

Sobre la benevolencia, Maquiavelo sostiene que, para preservar el Estado, debe mantener el ejército [listo para ir a la guerra] y debe ser respetado por sus miembros, para lo cual ha de cuidarse de no ser demasiado indulgente. El problema es que el príncipe puede confundir la indulgencia o benevolencia con la clemencia y volverse laxo. Un líder laxo pierde el respeto de sus soldados y prepara el terreno para la insubordinación. El daño no está en la clemencia en sí, sino en la fina línea que la separa de la benevolencia y de la indulgencia. Apenarse de los muertos es no haber actuado con firmeza a tiempo.

El pasaje de Wu Qi plantea varios dilemas éticos para los líderes empresarios de hoy: ¿están justificadas las excepciones en virtud de la justicia cuando se trata de proteger a la organización y a los empleados que viven de esta? ¿Cómo se traza la línea entre la virtud y el vicio? ¿Hasta qué punto se puede ser clemente sin perder el respeto de los colaboradores? Preguntas que mantienen toda su vigencia. Las respuestas deben considerar la obligación suprema de preservar la organización (el Estado de Maquiavelo), y de proteger y consolidar los logros obtenidos.

Sobre la visión y la alineación

Por esto, un soberano sabio, cuando haya tomado la decisión de que su pueblo entre en guerra, en primer lugar debe unirlo para luego iniciar el combate; solo de esta manera podrá atender asuntos de vital importancia.

Ninguna empresa pude triunfar ante la competencia si no existe armonía y alineación entre su "tropa". Se pueden resumir en tres a las funciones principales de un líder. La primera es establecer la dirección, la segunda alinear a la gente hacia esta y, la última, mantener motivado y comprometido al personal de la organización. Si estas no se dan faltará la imprescindible armonía y ocurrirá lo que dice Wu Qi: no se podrá vencer al enemigo, aunque este sea solo un competidor comercial. Tal vez no estén en juego las vidas de los empleados (tal vez si), pero seguramente en esa guerra está en juego la vida de la organización.

Sobre la cultura organizacional

Con respecto a la administración del país y del ejército, se deberá educar al pueblo por medio del ceremonial (ritual, li, 礼). A través de ejercer la justicia, se lo estimulará y se le dará coraje, y también se le otorgará un claro sentido de la "vergüenza" [criterio de honor y deshonra]. Solo los hombres que posean el sentido de la vergüenza en sus corazones y cuya fuerza física sea plena podrán hacer la guerra.

Wu Qi pone en juego la otra cara de la estrategia: la cultura. La internalización de una estrategia se materializa cuando se ha integrado a la cultura de la organización. Los rituales, los ceremoniales, las tradiciones, las costumbres, los símbolos son las herramientas usadas en la práctica por la dirección para que la estrategia se arraigue de tal manera que no sea necesario el control permanente. La cultura no es más que la estrategia internalizada. En la misma línea, Sun Tzu dice que las palabras no son escuchadas y para eso se hacen los símbolos, banderas, estandartes y tambores, componentes imprescindibles de las ceremonias y rituales militares, y aspectos visibles de la cultura.

La vergüenza y la culpa (su hermana gemela), son los instrumentos de control cultural por excelencia. La vergüenza es hacia afuera: se siente por el juicio de los otros. La cultura establece la moral (recordemos que el origen etimológico de "moral" es el latín "mores", que significa "costumbre") de un grupo. Todo aquel que se aparte de las costumbres será excluido de la comunidad, el peor castigo al que se puede someter a una persona. Al mismo tiempo, surge el control interno manifestado en forma de "culpa". Adam Smith usaba la metáfora de "el hombre del pecho" para mencionar los límites que cada uno se impone a sí mismo para seguir las normas. Tal es el poder de la cultura para mantener alineados a los integrantes de la empresa que, virtualmente, desaparece la necesidad de implementar otros sistemas de control.

Sobre la valentía del líder

Quien posea las habilidades militares y civiles podrá ser general. Si es capaz de combinar lo estricto con lo flexible, podrá guiar para hacer la guerra. Las personas comunes y corrientes, a la hora de evaluar a un general, con frecuencia consideran únicamente su coraje y su valor. En realidad, el coraje para un general es solo una de las condiciones necesarias que debe poseer entre tantas otras. Si solamente se basa en el coraje, sin duda atacará al enemigo con precipitación.

¿Dónde termina la cautela y empieza el coraje? ¿Dónde termina el coraje y empieza la temeridad? Esas son preguntas difíciles de responder. Luego de haber reflexionado y dialogado con sus colaboradores, los líderes las deberán responder por sí mismos ya que de ellos es la responsabilidad. La pregunta de los límites está siempre presente cuando se discute el tema universal del coraje. Es también central en la tradición occidental. Platón dedica el diálogo *Laques* a su tratamiento. El coraje no es suficiente si el líder no tiene el equilibrio para saber cuándo atacar y cuándo retirarse. La temeridad puede tener un alto costo para su propio ejército. Desde luego, esto es válido para cualquier tipo de organización comercial en medio de la lucha por atraer y mantener a todos sus *stakeholders* satisfechos.

Hemos recorrido solo algunos de los tantos pasajes del *Discurso sobre el arte de la guerra* que pueden servir de inspiración y de guía para los líderes empresarios. Sus consejos son grandes disparadores de la reflexión. Sería un buen ejercicio para los equipos de dirección usarlo como herramienta de autoconocimiento. Wu Qi puede ser un consultor ideal para facilitar cualquier taller de estrategia empresarial.

A modo de introducción

por *Rodrigo Cipiliano*

El *Discurso sobre el arte de la guerra* de Wu Qi ocupa un lugar significativo entre los manuales militares clásicos de la antigua China imperial. Tanto este tratado como el ya famoso *Arte de la guerra* de Sun Zi son conocidos bajo el término común: "El arte de la guerra de Sun y Wu". Vale aclarar que no existe un libro con este título, solo se trata de una forma en la que los intelectuales chinos combinan los nombres para referirse a las obras de estos dos magníficos estrategas.

Wu Qi (440-381 a. C.) fue un estratega militar, reformador y estadista que se desempeñó durante la etapa inicial del periodo conocido como "Periodo de los Reinos combatientes" en China. Obtuvo altísimos logros, tanto en los asuntos internos como en los militares. También fue un hombre versado en el pensamiento confuciano. Teniendo en cuenta el impacto de su legado en China y en el mundo entero, cabe recordar aquí que Confucio (551-479 a. C.) elaboró un pensamiento que finalmente llegó a constituir el cimiento de la cultura china durante más de dos milenios. Su filosofía se articula en torno de los principales ejes siguientes: la importancia de las relaciones jerárquicas –el orden como pilar de una sociedad armoniosa–, el contrato social basado en la benevolencia de los gobernantes hacia el pueblo –la conducta apropiada y el respeto como garantes del valor moral–, el énfasis en la ética, la armonía y el rechazo al lucro, como la forma adecuada de ejercer el gobierno. Este legado incluye además un profundo disgusto por la guerra. La influencia de esta corriente filosófica puede detectarse en el entramado argumental de la obra de Wu Qi.

Es importante resaltar que, para Wu Qi, los ámbitos político y militar deben presentar un estado simbiótico de coexistencia y retroalimentación en el método de gobierno. Por lo tanto, un líder debe atribuirles igual grado de magnitud: no puede preferir uno y desatender el otro. Bajo esta premisa, nuestro autor le otorga una trascendencia relevante a la administración de ambos mediante el uso de la justicia, el ceremonial (ritual), la benevolencia y el *Dao* (道). Esto deja en claro que Wu Qi sostiene una postura por demás cautelosa frente a la guerra y se opone al abuso de la fuerza.

Creo necesario realizar algunas observaciones acerca del concepto de *Dao*. *Dao* es la transcripción, en el sistema pinyin aquí utilizado, de lo que habitualmente se conoce como *Tao* y se refiere al flujo que es fundamento y origen de todas las cosas del universo. Según criterios occidentales podría decirse, salvando las distancias, que corresponde a la "energía divina" que crea y envuelve el todo. Si bien existe un consenso relativamente universal en torno de la imposibilidad de traducirlo a una única palabra, ya que se trata de un concepto complejo, de algo inefable e inasible, en muchas escuelas de pensamiento se le atribuye la noción de "camino", "modelo", o "ley", sea esta natural o humana, en función de las diferentes corrientes filosóficas. Por ejemplo, Confucio concibe el *Dao* en el sentido de "lo humano" (人道), mientras que Lao zi lo enfoca en la "ley natural". Cuando se refieren al *Dao*, tanto Wu Qi como el ya conocido Sun Wu lo hacen en el sentido confuciano. En el contexto de este tratado, el *Dao* puede considerarse como el "camino ético del líder", ya que Wu Qi lo relaciona con ambos ámbitos aludidos —el político y el militar— y se refiere a las recomendaciones del párrafo anterior: el ejercicio de la justicia, el ceremonial (ritual), la benevolencia y el *Dao* como características de un gobierno sabio.

Por otra parte, a continuación del tratado de Wu Qi he añadido algunos comentarios acerca de dos conceptos fuertemente presentes en el pensamiento de diversos estrategas, a saber: benevolencia y ceremonial (ritual), que forman parte del engranaje conceptual del confucianismo. Estas dos ideas confucianas son por demás complejas: la intención del agregado es solamente brindar una herramienta adicional para así permitir al lector abordar el texto con un mayor rango de libertad interpretativa.

Con el ánimo de complementar este trabajo, he agregado la traducción de algunos extractos del tratado *Las tres estrategias de Huang Shi Gong*. Además de compartir con Wu Qi el énfasis en las dos nociones recién mencionadas, este se centra en el aspecto estratégico y político: abarca de manera más específica las distintas formas de control de los subordinados y las modalidades correctas a aplicar para la elección de los líderes.

La complementariedad que se manifiesta entre estos dos pensadores hace de este libro una guía por demás útil que, a diferencia de otros tratados, no se limita solamente a analizar el adecuado modo de actuar, sino que incluso ofrece las herramientas necesarias para seleccionar correctamente a quienes serán los encargados de ejecutar las acciones definidas por quien gobierna.

Acerca de la traducción

En la antigua China, la mayoría de las oraciones (por no decir casi todas) se encapsulaban en grupos de cuatro caracteres. Cada uno de estos es una palabra con uno o varios significados. Por ejemplo, Confucio dijo: "Si se ha cometido un error y este no es corregido, a esto [no corregir el error] se lo llama el verdadero error" (*guo er bu gai, shi wei guo yi* ("过而不改，是谓过矣").

La tarea es sumamente compleja pero bellísima, ya que tanto el chino moderno como el antiguo son en sí mismos un arte, la expresión compleja de la armonía y la fluidez, y sus caracteres son los cofres que encierran la sabiduría de un pueblo poderoso y milenario.

A lo largo del tiempo se elaboraron y utilizaron diversos sistemas de transcripción de los caracteres chinos, conceptuales, a alfabetos occidentales, fonéticos. Pero la reaparición más efectiva de China en el tablero mundial durante el siglo XX –y especialmente su auge económico de las últimas décadas– hizo necesario el establecimiento de un sistema que se volviera más universal. El sistema pinyin, que romaniza los caracteres del chino mandarín, es actualmente el sistema oficialmente adoptado por la misma China –e incluso por la norma ISO, ya que esta cuestión tiene implicancias muy significativas, no solamente en la multiplicación de los intercambios comerciales, sino también políticos y culturales– y el más utilizado a nivel internacional, y es, por lo tanto, el que aplicamos a nuestro trabajo. Sin embargo, sabemos que el método Wade-Giles fue el sistema más difundido para la transcripción de los nombres chinos en Occidente durante todo el siglo XX. Este método posee muchas diferencias con el metodo pinyin que aquí utilizamos. Por lo tanto, el lector no ha de sorprenderse si Sun Tzu (sistema Wade-Giles) pasa a escribirse Sun zi (sistema pinyin), si Lao Tse (sistema Wade-Giles) deviene Lao zi (sistema pinyin), y si al *Tao* (sistema Wade-Giles) se lo denomina *Dao* (sistema pinyin).

En otro orden, queremos señalar que los agregados o las diferentes opciones de traducción que consideramos relevante aportar en los textuales se mencionan entre corchetes.

Por último, el propósito de nuestro "Comentario" al final de cada capítulo es simplemente ofrecer una primera línea directa de abordaje de los contenidos, pero ello de ninguna manera agota las posibles lecturas o los eventuales niveles de interpretación de los mismos.

Con todo, nuestra traducción ha respetado estrictamente el registro, el mensaje y la intención de los textos originales.

Nota bene

La historia del pueblo chino es sumamente rica y compleja. No es mi intención, en este libro, ahondar en ella ni rellenar páginas con información que considero poco pertinente a los efectos prácticos de este trabajo. Son muchos los autores que se han entregado a la gigantesca tarea de interpretar, analizar y clasificar los momentos históricos de la China imperial. Tal es el caso de Flora Botton Beja, en su libro *China. Su historia y cultura hasta 1800*, o de Étienne Balazs, en su obra *La burocracia celeste. Historia de la China Imperial*,[1] entre muchísimos otros.

Cuando Wu Qi[2] escribe su tratado, está inmerso en un periodo de violentas guerras. Pero no emprende esta labor encontrándose res-

---

1 Botton Beja, Flora. *China. Su historia y cultura hasta 1800*. Edición original: Colegio de México, México, 1984. Balazs, Étienne. *La burocracia celeste. Historia de la China Imperial*. Buenos Aires, Editorial Sur, 1966.

2 Wu Qi (吴起) y Wu zi (吴子) son la misma persona. En la China antigua, el caracter *zi* (子) se otorgaba como concesión honorífica. Lo mismo sucede con el ya conocido estratega Sun zi (孙子) cuyo nombre original es Sun Wu (孙武).

guardado y aislado del peligro, sino que, por el contrario, involucra su mente y su cuerpo en la redacción. Quiero subrayar con esto que sus métodos nacen de la urgencia y no de la mera reflexión especulativa. La guerra, para él, no posee ningún tipo de matiz poético o abstracto, lo cual deja en claro cuando sentencia: "Todos los lugares en donde dos ejércitos se traben en batalla, estos serán lugares de muerte y derramamiento de sangre. Si se tiene determinación de muerte, entonces se sobrevivirá, si se tiene la mentalidad de sobrevivir por buena suerte, inevitablemente se morirá". Comprendiendo esto, y teniendo en cuenta que sus fórmulas devinieron en victorias, queda expuesta la formidable y real utilidad de sus métodos.

Invito al lector a diluir la potencia significativa de las palabras "guerra" y "terreno" a efectos de insertar las tácticas propuestas por Wu Qi en ámbitos tales como negocios, relaciones interpersonales u otros, quedando los resultados de su aplicación bajo la responsabilidad de quien las ejecute.

不入虎穴焉得虎子

"Si no entras en la cueva del tigre,
¿cómo harás para apoderarte de sus cachorros?"

班超 (Ban Chao)[3]

---

3 Ban Chao (32-102) fue un general chino que contribuyó a la expansión de la Dinastía Han en las regiones occidentales de la actual Asia Central.

A mi madre y a la memoria de mi padre.

R. C.

Capítulo primero
Administración del Estado

犹伏鸡之搏狸，乳犬之犯虎，虽有斗心，随之死矣

"[Compare] una gallina que, empollando sus huevos, decide trabar pelea con un mapache; o […] un cachorro de perro que aún estando en periodo de lactancia ataca a un tigre. Aunque ambos posean una completa determinación de lucha, inevitablemente hallarán la muerte".

Wu Qi, vestido con un atuendo de la escuela confuciana y llevando consigo el tratado del arte de la guerra, mantuvo una audiencia con Wu Hou, el fundador del Estado de Wei.

Wu Hou dijo:
A mí no me agradan los asuntos concernientes al arte de hacer la guerra.

Wu Qi dijo:
De acuerdo con el fenómeno de las apariencias externas, puedo inferir lo que se esconde.[4] En función del pasado, puedo deducir el futuro. Rey soberano, ¿por qué sus palabras no son sinceras? Durante todo el año ha matado animales salvajes y les ha quitado la piel. Sobre los cueros ha esparcido pintura roja para darles color y ha grabado figuras de rinocerontes y elefantes. Si estos cueros pintados se van a usar como vestimenta durante el invierno, seguramente no abrigarán; si se va a usarlos durante el verano, por cierto no serán agradablemente frescos.

---

4 De acuerdo con el contexto y el juego de opuestos que se expresa, entendemos que "lo que se esconde" son las verdades ocultas *versus* "las apariencias externas".

Además, ha ordenado que se fabricaran lanzas largas de 2 *zhang* (丈) y 4 *chi* (尺) y lanzas cortas de 1 *zhang* y 2 *chi*.[5]

También ha cubierto con decoraciones hechas con el mismo cuero las puertas de los carruajes de guerra y los agujeros de las ruedas en los que se inserta el eje. Lejos de parecer majestuosos, estos carros tampoco son livianos para usarlos a la hora de ir de cacería.

Rey soberano, ¿no entiendo cuál es el uso que les dará? Si desea utilizarlos para hacer la guerra y no ha buscado hombres capaces de manejarlos, esto bien puede compararse con una gallina que, empollando sus huevos, decide trabar pelea con un mapache, o con un cachorro de perro que aún estando en periodo de lactancia ataca a un tigre. Aunque ambos posean una completa determinación de lucha, inevitablemente hallarán la muerte.

En el pasado, el soberano de la tribu de Cheng Sang se entregó por completo a la práctica de la virtud y abandonó la preparación militar. Por este motivo el país se extinguió. El monarca de la tribu de Hu se apoyaba solamente en sus soldados belicosos, sin reparar en la práctica de la virtud; por esta razón perdió la nación. Así, un monarca sabio debe diferenciar este asunto con claridad. A nivel interno debe gobernar con políticas honestas y virtuosas, y respecto del exterior debe intensificar la preparación para la guerra. Por lo tanto, sufrir el ataque del enemigo y no atreverse a entrar en guerra no es justicia; apenarse por los muertos no es benevolencia.

Entonces, Wu Hou organizó personalmente un banquete en el templo ancestral. Nombró general a Wu Qi, para presidir la defensa de Xi. Más tarde, Wu Qi luchó 76 guerras con los estados vasallos, ganando 64 de ellas en total. Y las otras 12 fueron algunas victorias y

---

5 El *zhang* equivale aproximadamente a 3,3 metros. Dado que 1 *zhang* es igual a 10 *chi*, este equivale a alrededor de 1/3 de metro. Ambas medidas son muy antiguas.

otras derrotas. Es mérito de Wu Qi que el Estado de Wei haya considerablemente extendido su territorio.

Wu Qi dijo:

En el pasado, al monarca que administraba el Estado le incumbía instruir a la nobleza y mantenerse cercano al pueblo.

Existen cuatro circunstancias de discordia bajo las cuales no se debe entrar en acción:

1. Cuando hay discordia dentro del país, no se puede despachar tropas.

2. Cuando existe discordia dentro de las tropas, no se las puede "estacionar" en batalla.

3. Si a la hora de estacionar las tropas antes de la batalla hay discordia en ellas, no se puede entrar en combate.

4. Si al entrar en combate existe discordia en el interior de las tropas, no se podrá vencer.

Por esto, un soberano sabio, cuando haya tomado la decisión de que su pueblo entre en guerra, en primer lugar debe unirlo para luego iniciar el combate; solo de esta manera podrá atender asuntos de vital importancia (*da shi*).[6]

No crea a la ligera que su estrategia es la correcta: debe ir al templo de los ancestros y consultar. Debe usar el caparazón de tortuga[7] para profetizar y observar qué deparará el destino. Si la predicción es benévola, entonces podrá realizar la operación militar.

---

6 *Da shi* (大事): la traducción literal es "asuntos de vital importancia". Pero en este contexto debe interpretarse como "asunto de vida o de muerte del país".

7 *Gui jia zhan bu* (龟甲占卜), "Adivinación utilizando el caparazón de tortuga": antes de iniciar la guerra se profetizaba la buena o la mala suerte de la operación militar utilizando el caparazón de tortuga.

De esta manera todos sabrán que su monarca toma cuidado y precaución respecto de sus vidas y tiene compasión por sus muertes. Cuando sean llamados a la guerra, morir será un honor, retirarse e intentar sobrevivir, una humillación.

Wu Qi dijo:

El *Dao* se utiliza para recuperar los instintos naturales bondadosos de la gente; la "justicia", para lograr trabajos meritorios; la "estrategia", para inclinarse hacia lo que es favorable y evitar lo que resulta perjudicial [ventajas y desventajas]; lo "importante" se utiliza para proteger, preservar y consolidar los logros.

Si las acciones ejercidas discrepan con el *Dao* y los actos, con la justicia, y si, además, se posee poder y control sobre temas importantes entre los dignatarios, entonces algo catastrófico sucederá, inevitablemente.

Por lo tanto, el hombre sabio se esforzará en aplicar el *Dao* para establecer la paz; la justicia, para administrar el país; el ceremonial (ritual), para moverse y movilizar al pueblo; y la benevolencia, para confortar a las masas.

Si se emplean estas cuatro conductas virtuosas, entonces habrá un desarrollo vigoroso; de lo contrario, se entrará en una franca decadencia.

Por esta razón, cuando Shang Tang derrocó al emperador Jie,[8] el pueblo se mostró feliz; cuando Zhou Wu Wang atacó y derrocó al emperador Yin Zhou, el pueblo no se opuso a la invasión. Esto se debe a que ellos, Shang Tang y Zhou Wu Wang, obedecieron los principios celestiales y actuaron en forma acorde al sentimiento popular.

---

8 Jie fue un emperador despótico y su política de gobierno era brutal. La destrucción de la dinastía Xia dirigida por Shang Tang marcó la transición hacia la dinastía Shang.

Wu Qi dijo:

Con respecto a la administración del país y del ejército, se deberá educar al pueblo por medio del ceremonial (ritual, *li*, 礼). A través de ejercer la justicia, se lo estimulará y se le dará coraje, y también se le otorgará un claro sentido de la "vergüenza" [criterio de honor y deshonra]. Solo los hombres que posean el sentido de la vergüenza en sus corazones y cuya fuerza física sea plena podrán hacer la guerra. Cuando su fuerza física sea escasa, entonces se dedicarán a defender. Ahora bien, lograr la victoria es más "sencillo" que consolidarla.

Por eso digo que en los países que bajo el cielo entran en guerra, si en cinco batallas, cinco victorias, entonces se incurrirá en el desastre; si en cuatro batallas, cuatro victorias, entonces se debilitará el poder de la nación; si en tres batallas, tres victorias, entonces al soberano se lo podrá llamar líder [dominar duques o príncipes]; si en dos batallas, dos victorias, entonces se lo podrá llamar rey; si en una sola batalla, una victoria, entonces se lo nombrará supremo emperador. Así pues, obtener la victoria en múltiples guerras bajo el cielo es inusual; las "derrotas", sin embargo, son "muchas".[9]

Wu Qi dijo:
Las razones que dan lugar a la guerra son cinco:
1. La fama y el prestigio.
2. El beneficio (lucro).
3. El odio acumulado.
4. Una rebelión armada en el interior del país.
5. La hambruna.

---

9 En este pasaje un tanto oscuro, Wu Qi parecería querer decir que cuantas más batallas se libren, más perjudicial es para la nación y su gente. Al decir "victorias", lo que intenta dejar en claro es que, aunque las batallas devengan todas en victorias (hecho que considera inusual), desgastan el poder del Estado.

También la guerra posee otros cinco nombres:
1. La guerra justa (ejército justo).[10]
2. La guerra fuerte (ejército fuerte).[11]
3. La guerra dura (ejército duro).[12]
4. La guerra violenta (ejército violento).
5. La guerra contraria o de oposición (ejército de oposición).[13]

Cuando se evita el salvajismo y se resguarda del disturbio, eso se llama "guerra justa"; cuando, apoyándose en un ejército numeroso, se invade otros países, eso se llama "guerra fuerte"; cuando por enojo o indignación se hace la guerra, eso se llama "guerra dura"; cuando se abandona el ritual (*li*) y se codician los beneficios en forma desmesurada, eso se llama "guerra violenta"; cuando hay caos interno [en el país] y las masas, que se encuentran exhaustas, se reúnen en un levantamiento general, eso se llama guerra "contraria o de oposición".

Existen cinco métodos para enfrentar cada una de estas cinco formas distintas de guerra: en la guerra justa se debe usar el ceremonial (ritual) y la razón; en la guerra fuerte, manifestar actitudes humildes; contra la guerra dura, utilizar la palabra para persuadir; en una guerra violenta, oponer el engaño; y en la guerra de rebelión, hacer uso del poder de la autoridad.

---

10 Este concepto tiene otras dos traducciones, además de la literal que he utilizado en el texto. Una es: "Fuerzas armadas organizadas temporalmente por la clase dominante en la Antigüedad para defender sus intereses". La segunda es: "Un ejército organizado con el propósito de restaurar la dinastía derrocada".

11 El carácter 强 (*Qiang*) puede también traducirse como "poderoso". Otro sentido podría ser *shi jun dui qiang da* (使军队强大): "usar un ejército formidable, extremadamente poderoso".

12 El carácter 刚 (*Gang*) es un tanto ambiguo. Aquí, el significado correspondería a su primer sentido: "duro".

13 Se refiere a un ejército que se moviliza contra la "razón", un ejército rebelde.

Wu Hou dijo:

Estoy preparado para oír sus argumentos respecto de la regulación de las tropas, de cómo elegir personas con talento y de la consolidación del país.

Wu Qi respondió:

Un soberano sabio y sagaz se asegurará de asumir con rigor el protocolo [cortesía] entre sus ministros, prestará especial atención al protocolo [cortesía] entre los niveles de la jerarquía social, unirá con voluntad pacífica a los oficiales y el pueblo, los educará de acuerdo con las costumbres, seleccionará y reclutará a hombres con habilidades, se prevendrá para el surgimiento de hechos no esperados.

En el pasado, Qi Huan Gong reclutó cincuenta mil soldados fuertes y bravíos. De este modo dominó a los príncipes. Jin Wen Gong reclutó cuarenta mil hombres y, poniéndose a la cabeza de este ejército, logró realizar su aspiración. Qin Mu Gong estableció un ejército de treinta mil guerreros, así alcanzó a controlar a los países vecinos.

Por eso, si se desea tener un país poderoso y próspero, su monarca debe comprender y conocer la fuerza de su pueblo.

En el pueblo hay personas con coraje, perspicacia y fuerza. Reúnalas en un grupo [tropa]. A las que están listas para demostrar lealtad y valentía en la batalla, júntelas en un grupo [tropa]; haga lo mismo con aquellas que puedan cruzar elevaciones, superar distancias y caminar con agilidad; con quienes han sido destituidos de sus cargos y aún desean rendir servicios meritorios; con aquellas personas que se han marchado de la ciudad y desean limpiar su humillación. Estos cinco grupos conformarán fuerzas selectas dentro del ejército, con una alta efectividad de combate, y tendrán tres mil hombres cada uno. Atacando desde el interior, podrán romper el cercamiento enemigo; atacando desde el exterior, podrán destruir ciudades enemigas.

Wu Hou dijo:

Deseo escuchar el método por el cual, poniendo en orden las fuerzas de combate, podré tener estabilidad; defendiendo, podré ser sólido y al hacer la guerra, vencer.

Wu Qi dijo:

Si puede ubicar en altos cargos a aquellas personas que sean virtuosas y posean carácter moral y en cargos bajos a las que no, entonces conseguirá estabilidad en las fuerzas de combate.

Si logra hacer que el pueblo viva y trabaje en paz y esté en estrecho vínculo de respeto con sus oficiales de gobierno, así pues obtendrá una defensa sólida.

Si los "nobles" apoyan a su propio monarca y se oponen a sus países vecinos, entonces será victorioso en la guerra.

Wu Hou discutió los asuntos de Estado con los ministros. Los puntos de vistas expuestos por él fueron superiores a los expuestos por los funcionarios. Una vez terminada la reunión, Wu Hou ostentaba una expresión de felicidad.

Wu Qi, llamándole la atención, dijo:

En el pasado, el rey Zhuang, de Chu, discutió con los ministros los asuntos de Estado. Los argumentos expuestos por los ministros no eran tan buenos como los del rey. Una vez terminada la reunión, este mostraba una expresión de profunda tristeza.

Shen Gong le preguntó al rey Zhuang: "¿Por qué el rey está preocupado?". Zhuang le respondió: "He oído que no son pocos los sabios y que en el país hay muchas personas con talento. Debo lograr que los primeros sean mis maestros, entonces podré ser llamado rey, y que los segundos sean mis amigos, entonces podré dominar. Pero en la actualidad no poseo talento y los ministros no son tan buenos como yo ni mejores que yo; el Estado de Chu está en grave peligro".

Este es el motivo por el cual el rey Zhuang estaba preocupado y usted, por el contrario, se siente feliz. Yo estoy preocupado [miedo, *ju* 惧].

Tras oír las palabras de Wu Qi, Wu Hou sintió vergüenza.

Comentario

La honestidad y la virtud aparecen como pilares necesarios para el sostén estructural de un gobierno o una organización. La gesta de una armonía interna, producto de la actitud moral del líder, encuentra su máxima expresión en la entrega absoluta del pueblo a las causas de defensa, adoptando este una postura belicista de carácter voluntario. Esto sucede porque el pueblo, si está gobernado bajo preceptos de naturaleza honesta, virtuosa y benevolente, siente la necesidad imperiosa de salvaguardar su modo de vida.

Si este no es el caso y, por el contrario, se adoptan posturas tiránicas para con él, Wu Qi considera que ante una invasión enemiga difícilmente decida dar la vida por aquel que lo coacciona. Lejos de eso, puede darse el caso de que entable alianzas con el enemigo, como forma de venganza contra el tirano.

Aquí se ve claramente la influencia del pensamiento confuciano. En las *Analectas* encontramos un pasaje que reza:

"子曰：为政以德，譬如北辰，居其所而众星共之"
"Confucio dijo: 'Quien gobierna mediante la virtud es como la estrella polar del norte, que permanece fija mientras las demás estrellas giran alrededor de ella'".[14]

---

14 Confucio, *Analectas*.

Wu Qi prosigue con el análisis de la estructura interna y externa del gobierno. La disposición interna, como ya ha dicho, requiere de los factores de virtud, honestidad y benevolencia como formas constitutivas. La fase externa necesita de un alto grado de preparación para hacer la guerra. Esta fórmula de unidades virtuosas y preparación da como resultado un ejército listo para luchar hasta morir y un pueblo que por *motu proprio* defiende su modo de vida hasta la muerte.

Wu Qi introduce el "sentido de la vergüenza" como modalidad de control de los subordinados. Se refiere a lo que hoy entendemos como "vergüenza moral", en el sentido de cualquier acción que transgrede nuestro sistema ético.

Aquí también podemos observar la influencia del confucianismo:

"子曰：道之以政，齐之以刑，民免而无耻；道之以德，齐之以礼，有耻且格"

"Confucio dijo: 'Si utilizando la política se gobierna al pueblo y empleando el castigo se lo rectifica, el pueblo solo buscará no cometer crímenes pero no poseerá un corazón íntegro y carecerá del sentido de la vergüenza. Conducido por la virtud y moderado por los ritos, [el pueblo] no solo poseerá sentido de la vergüenza sino que también acatará las reglas'".[15]

Respecto del dirigente, este debe estar preparado, instruido y practicar la virtud. El lazo que lo une al pueblo y a las tropas es el respeto mutuo, que obtiene bajo la condición de manejar la honestidad y la benevolencia como herramientas de mando y control.

En la China antigua, como en tantos otros pueblos de la Antigüedad, se recurre a la adivinación antes de iniciar un enfrentamiento bélico, para augurar el desenlace de la operación militar. Wu Qi no

---

15 *Ibid.*

solo lo considera como un recurso de vital importancia, ya que permite conocer si es factible o no emprender la operación militar, sino que también lo entiende en cuanto un gesto que el pueblo y los soldados interpretan como un acto de consideración por sus vidas.

Por lo tanto, la estrategia que el general cree correcta es sometida a una evaluación de tipo mágico, sobrenatural. Si bien en la actualidad estas prácticas resultan insólitas, conviene rescatar la actitud de apertura a lo que hoy llamaríamos, salvando las distancias, el "ámbito de evaluación o discusión".

La conclusión de Wu Qi, por lo tanto, es que el adecuado comportamiento de un general sabio consiste en utilizar el *Dao* para mantener la paz interna; administrar con justicia; valerse del *li* para actuar con responsabilidad; y practicar la benevolencia para confortar a las masas.

Si no se asumen estas cuatro conductas morales, inevitablemente se caerá en una catástrofe.

Capítulo segundo

Análisis de la situación del enemigo

用兵必须审敌虚实而趋其危

"Antes de movilizar tropas es fundamental explorar las condiciones del enemigo y hallar sus puntos débiles".

Wu Hou le dijo a Wu Qi:

En este momento, el Estado de Qin está poniendo en peligro mi lado oeste, el Estado de Chu rodea la parte sur de mi país, el de Zhao me confronta por el norte, el de Qi se acerca por el este, el de Yan me bloquea por la retaguardia y el Estado de Han ocupa el frente. Las tropas de los seis estados nos rodean, la situación es extraordinariamente desfavorable y me preocupa mucho. ¿Qué debo hacer?

Wu Qi respondió:

La manera de resguardar la seguridad del país es, en primer lugar, tomar precauciones y mantenerse en estado de alerta. Ahora usted ha mejorado la toma de precauciones, por lo tanto, el inminente desastre se alejará. Permítame, por favor, analizar las circunstancias de los ejércitos de estos seis estados.

La disposición de fuerzas en batalla del Estado de Qi es colosal, pero no es sólida; la del Estado de Qin es dispersa, pero las tropas pueden pelear por separado; la del Estado de Chu es seria y ordenada, pero estas fuerzas no pueden sostener el enfrentamiento durante un largo periodo de tiempo; la del Estado de Yan es buena para defender, pero no es flexible ni ágil para moverse; los ejércitos de los estados de Han y Zhao están bien formados, pero no son efectivos.

La naturaleza de los hombres del Estado de Qi es firme (fuerte), el país es rico, el gobernante y sus ministros, arrogantes y lujuriosos, ignoran los intereses del pueblo. Aunque mantengan políticas generosas, el salario de los oficiales es desigual, hay desgano dentro del ejército, la disposición de las tropas es pesada por delante y liviana por detrás. Por lo tanto, la fuerza de combate es enorme, pero poco sólida.

Para atacar a Qi, deberá dividir su ejército en tres secciones. Dos de ellas atacarán los flancos izquierdo y derecho, forzándolos a replegarse. La tercera los perseguirá y atacará. Entonces podrá aniquilarlos.

Los hombres de Qin poseen un temperamento valiente e intrépido, el terreno es de difícil acceso, el gobierno es estricto, su sistema de recompensas y castigos es estricto e imparcial. Los guerreros no ceden en combate, son ambiciosos y violentos, poseen un espíritu de lucha formidable. Por lo tanto, aunque queden dispersos en combate, cada uno puede pelear por separado.

Para atacar a Qin, primero debe seducir a sus soldados con beneficios y promesas de ganancias: aquellos que buscan el lucro con avidez se separarán de su general. En ese momento, cuando su ejército se encuentre en desorden y estando separadas sus tropas, los atacará.

Programe la emboscada, aguarde el momento oportuno y actúe. De esta manera podrá capturar al general enemigo.

Los hombres de Chu poseen un temperamento débil, su territorio es vasto, su política de gobierno es confusa y el pueblo está fatigado. El ejército del Estado de Chu, aunque esté bien ordenado, no podrá mantener un combate durante un periodo prolongado.

Para luchar contra Chu, deberá atacar por sorpresa el sitio donde las tropas se encuentren. Ante todo, abata su moral; luego, movilizando una pequeña parte de sus tropas, ataque y repliéguese en forma repentina, utilice su cansancio; no necesitará entablar una guerra decisiva, de esta manera puede derrotar a su ejército.

La disposición natural del Estado de Yan es simple, honesta y sincera. Su pueblo es cauteloso, venera el coraje y la lealtad, utiliza pocas estrategias de engaño; por lo tanto, es bueno a la hora de defender y torpe en el momento de avanzar.

La forma de atacar a los guerreros de Yan es, ni bien se toma contacto con ellos, oprimirlos, acosarlos y alejarse, perturbarlos y asaltarlos sorpresivamente desde su retaguardia. Esto generará duda en los comandantes e infundirá miedo en los soldados. Al mismo tiempo, los carros de guerra de nuestro ejército estarán dispuestos en el único camino de salida que tendrá el enemigo. Así se dará captura a su general.

Los estados de Zhao y Han[16] muestran un temperamento suave, una política de gobierno estable. El pueblo siente fatiga por la guerra: hace tiempo que se ha acostumbrado a las armas, menosprecia a sus generales, está disconforme con sus salarios y los soldados no tienen la voluntad de arriesgar sus vidas en la batalla. Por lo tanto, aunque su ejército posea un buen orden, es inútil. La forma de atacar estos estados es utilizando un ejército grande y poderoso, para bloquearlos y oprimirlos. Si atacan, resista atacando; si huyen, persígalos, de esta manera los fatigará.

Estas son, pues, las circunstancias de los seis estados.

---

16 Aquí, Wu Qi utiliza el término "San Jin", que se refiere a los tres reinos: Wei, Zhao y Han, que existieron durante el periodo de los Reinos combatientes.

Por esto, las tropas, necesariamente, deben incorporar soldados que posean "la energía del tigre",[17] cuya fuerza física sea tan grande como para poder cargar con ligereza en sus hombros una gran vasija Ding,[18] cuyos pies posean la agilidad y la rapidez necesarias para perseguir a los caballos de guerra; guerreros que en medio de la batalla le arrebaten la bandera al adversario, que maten y decapiten al general enemigo; seguramente debe haber hombres que sean capaces de hacer esto.

A este tipo de hombres, deberá elegirlos, darles un trato especial, cuidar bien de ellos y designarles en altos cargos, ya que ellos serán la esencia y la vida del ejército.

A aquellos que sepan manejar las cinco armas,[19] que posean cuerpos fuertes y resistentes, movimientos rápidos y ágiles y voluntad para eliminar al enemigo, se les deberá otorgar un "título".[20] De esta manera, podrá emplearlos para que luchen resueltos a vencer.

También se deberá tener un trato generoso con sus padres, mujeres e hijos.

Los alentará utilizando el premio y les advertirá con el castigo, de esta manera serán soldados dispuestos a defender con firmeza, se transformarán en la esencia imprescindible para el fortalecimiento de la batalla y podrán sostener un combate prolongado.

Si ve con claridad la razón de estos principios, podrá atacar al doble de enemigos.

---

17 La expresión "energía del tigre" (*hu ben*, 虎贲) es una forma antigua para referirse a los hombres bravos y fuertes.

18 *Ding* (鼎): antiguo recipiente de cocina con dos asas de bucle y tres o cuatro patas. Fue abundante en el periodo Shang Zhou (1600-256 a. C.).

19 Se está refiriendo a todas las armas. Promueve a aquellos que sepan manejar todas las armas.

20 Se refiere al rango o título de nobleza.

Wu Hou dijo:
¡Muy bien!

Wu Qi dijo:
Existen ocho circunstancias, respecto de la situación del enemigo, en función de las cuales no hace falta la práctica de la adivinación para entrar en guerra.

La primera es cuando el enemigo se encuentra en medio de un clima de vientos fuertes y de frío severo, marchando día y noche, haciendo balsas con madera para cruzar ríos, y hace caso omiso de la fatiga de las tropas.

La segunda es cuando, durante el ardiente verano, las tropas tardan en ponerse en marcha, no se detienen para descansar, marchan a toda prisa y los soldados están hambrientos y sedientos y se dirigen en forma atropellada y con premura hacia un lugar alejado.

La tercera es cuando las tropas enemigas están estacionadas en el exterior durante mucho tiempo, sus provisiones se agotan, sus soldados se sienten profundamente enemistados y enojados, y los líderes no pueden detener los rumores de "infortunio y el mal presagio" que comienzan a correr.

La cuarta es cuando los suministros del ejército son escasos: le queda poca leña y poco heno, se encuentra bajo condiciones climáticas de lluvias constantes y no detecta sitios para saquear.

La quinta es cuando la fuerza militar es insuficiente y los soldados no se adaptan al clima; cuando hay muchos hombres y caballos enfermos y los refuerzos aún no han llegado.

La sexta es cuando el camino ha sido largo y está por anochecer, la mayor parte de los soldados están cansados, temerosos y sin alimentos y se han quitado las armaduras para descansar.

La séptima es cuando la reputación de los generales en el ejército es pobre, la moral de los soldados es extremadamente inestable; es cuando el ejército entero ha entrado ya varias veces en pánico y se halla aislado y sin ayuda.

La octava es cuando la disposición de las tropas es incierta, cuando no han terminado de acampar, están escalando y atravesando las montañas, y una mitad de ellas ha aparecido y la otra, no.

Cuando encuentre esta clase de circunstancias, ha de atacar rápidamente, no debe vacilar.

Por otra parte, existen seis situaciones en función de las cuales no es necesario recurrir a la adivinación para saber que no se debe atacar al enemigo.

La primera es cuando su territorio es amplio, vasto y su pueblo, numeroso y productor de riquezas.

La segunda es cuando los superiores aprecian a sus subordinados y el otorgamiento de beneficios a todos "es algo común".

La tercera es cuando las recompensas son reales y los castigos, apropiados y oportunos.

La cuarta es cuando se evalúan los méritos para ocupar cargos y se nombra a los jefes sobre la base de su integridad y capacidad.

La quinta es cuando sus soldados son numerosos y la preparación armamentística es superior.

La sexta es cuando reciben el apoyo de sus vecinos y la asistencia de un Estado poderoso.

Bajo estas condiciones debe evitar al enemigo, no tomar contacto con él, no puede vacilar al respecto.

Por lo tanto, si ve que las circunstancias son favorables, entonces avance; si observa que estas son difíciles, retírese.

Wu Hou dijo:

Deseo conocer y entender las circunstancias internas de mi enemigo a través del análisis de sus manifestaciones externas, comprender sus verdaderas intenciones por medio del estudio de sus movimientos, para así estar en condiciones de determinar la victoria o la derrota. ¿Puede hablarme acerca de estos puntos esenciales?

Wu Qi respondió:

Cuando el enemigo llegue oscilante y despreocupado, sus banderas sean numerosas y caóticas y no estén bien alineadas, y las tropas miren incesantemente de izquierda a derecha, [bajo estas circunstancias] un solo hombre de nuestro ejército podrá atacar a diez del suyo. Definitivamente hará que el enemigo se sienta perplejo por el ataque repentino y entre en pánico.

Si los príncipes no unieron fuerzas, los gobernantes y los ministros discrepan entre sí, las fortificaciones defensivas no se han realizado, las órdenes prohibitivas no se han ejecutado, los tres ejércitos son ruidosos, están perturbados e intranquilos, quieren avanzar y no pueden, quieren retroceder y no se animan... Bajo este tipo de circunstancias se podrá atacar al doble de enemigos involucrando la mitad de nuestra fuerza. Podrá enfrentar cien batallas sin sufrir derrota.

Wu Hou preguntó:

¿Bajo qué circunstancias mi ejército puede atacar al enemigo?

Wu Qi respondió:

Antes de movilizar tropas es fundamental explorar las condiciones del enemigo y hallar sus puntos débiles.

Cuando el enemigo llega tras un viaje largo y aún no se ha establecido en un sitio determinado, debe atacar. Y debe hacerlo también cuando los soldados terminan de comer y aún no han construido una fortificación defensiva; cuando corren por pánico; cuando se encuentran fatigados; cuando no se han apropiado de un terreno favorable; cuando el clima no les es favorable; cuando han recorrido una larga distancia y no han podido descansar; cuando están a mitad del río (*ban du*);[21] cuando atraviesan un camino dificultoso y estrecho; cuando el ejército se muestra caótico y desordenado; cuando las tropas se han desplazado repetidas veces; cuando los generales están desligados de las tropas; y cuando el ánimo de estas es vacilante y temeroso.

En todas las circunstancias arriba mencionadas, deberá elegir tropas selectas para atacar al enemigo. Continuamente enviará tropas de refuerzo y es menester que se ataque con rapidez. No debe vacilar.

Comentario

En este capítulo, Wu Qi introduce la noción de "cautela". La considera como factor necesario a la hora de actuar bajo condiciones adversas. Por lo tanto, debemos entenderla como un engranaje constitutivo del procedimiento táctico y no solamente como el accionar virtuoso de un individuo.

Durante su exposición, Wu Qi le ofrece a Wu Hou una serie de posibles salidas victoriosas como respuesta a la problemática planteada. Ahora bien, estas tácticas de ataque y defensa nacen del análisis minucioso de la situación del adversario, del entendimiento de sus componentes estructural y psicológico. Por lo tanto, este no debe concebirse como un espectro de voluntad amorfa y por esto peligrosa, ya que no se sabe cuál será su accionar. Al contrario, es necesario analizarlo para comprender su arquitectura.

---

21 *Ban du* (半渡) se traduce como "a mitad del cruce". Pero en realidad se está refiriendo a una antigua táctica militar: *ban du er ji zhi* (半渡而击之). Esta consistía en atacar al enemigo cuando se hallaba en la mitad del vado.

Otro aspecto importante es la evaluación del terreno donde acontecerá el enfrentamiento. Esta noción dista mucho de lo que entendemos por terreno propiamente dicho. Wu Qi alude, claro está, al campo de batalla, por lo que su necesidad se centra meramente en el estudio de los accidentes geográficos y del clima. La noción de terreno de Wu Qi puede ser admitida en la actualidad como el "ámbito" en el que dos o más instituciones entablan una contienda. El análisis de los accidentes geográficos sería para nosotros el examen de los factores situacionales dados en una pugna.

En resumen, la cautela, el examen del terreno y el análisis de los componentes tácticos y psicológicos del enemigo son ejes neurálgicos y factores determinantes del éxito.

Capítulo tercero

Gobierno de las tropas

必死則生，幸生則死

"Si se tiene determinación de muerte, entonces se sobrevivirá; si se tiene la mentalidad de sobrevivir por buena suerte, inevitablemente se morirá".

Wu Hou preguntó:

¿Qué es lo más importante que se debe tener en cuenta acerca del método para despachar tropas?

Wu Qi respondió:

Lo más importante es comprender las cuatro *qing*, las dos *zhong* y la *xin*.[22]

Wu Hou preguntó:
¿Qué intentas decir?

Wu Qi respondió:

Las cuatro conveniencias (*si qing*) son: que el terreno sea conveniente para el galope de los caballos, que los caballos sean fáciles de manejar, que los carros de combate sean cómodos de tripular y que los hombres sean aptos para entrar en combate.

---

22 *Si qing* (四轻): las cuatro facilidades o conveniencias. *Zhong* (重): este carácter tiene varias acepciones, pudiendo traducirse como lo importante, lo fuerte o lo valioso. *Xin* (信): si bien la traducción inmediata es confianza, creencia, fe u honestidad, aquí se debe interpretar como "de una sola palabra", en referencia al hecho de impartir premios y castigos: si se va a recompensar o castigar, entonces se deberá cumplir con lo dicho.

Entendiendo las bondades y las desventajas del terreno, entonces allanará el galope de los caballos. Alimentando oportunamente a los caballos, estos serán fáciles de conducir. Manteniendo lubricados los ejes de los engranajes de los carros de combate, la conducción de estos se simplificará.

Si las armas están afiladas y las armaduras sólidas, esto será conveniente para los hombres a la hora de trabar combate.

Las dos *zhong* son: para aquellos que avancen hacia el frente para combatir, habrá importantes recompensas; para quienes retrocedan, habrá importantes castigos.

Una *xin*: tener una sola palabra [cuando se dice que se castigará, se castiga; cuando se dice que se recompensará, se recompensa].

Si realmente se logra hacer todo esto, entonces tendrá en la mano la condición más importante de la victoria.

Wu Hou preguntó:
¿En qué se debe apoyar las tropas para conseguir la victoria?

Wu Qi respondió:
Con una buena administración del ejército podrá conseguir la victoria.

Wu Hou preguntó nuevamente:
Acaso, ¿no reside en si las tropas son numerosas o no?

Wu Qi respondió:
Si las leyes y los decretos no son estrictos e imparciales, si no se mantiene la palabra acerca de los castigos y recompensas, si el "golpe de los metales" no indica parar y el tambor no indica avanzar, entonces, aunque sean un millón de soldados, ¿qué utilidad tendrán?

La correcta administración entonces será esta: en tiempo de paz, preservar el ceremonial (ritual); en tiempos de guerra, tener poder e influencia; en el momento de avanzar, hacerlo con una fuerza extraordinaria, volviendo al enemigo incapaz de detener la ofensiva; a la hora de retirarse, hacerlo de manera rápida para que así el adversario no pueda perseguirlo.

Tanto el avance como la retirada deben ser controlados; los movimientos, sean hacia la izquierda o hacia la derecha, deben ser realizados mediante la emisión de órdenes: aunque las tropas se separen, podrán mantener el orden y las posiciones; aunque estén dispersas, podrán reanudar las filas. Entre los altos y los bajos cargos se comparte lo bueno y lo adverso. Este tipo de ejército se mantendrá sólidamente unido y no se separará; aunque esté exigido, no se cansará; la fuerza será inmensa, no importa hacia dónde les indique a los soldados que deben dirigirse, siempre serán invencibles. Esto se llama: "ejército de padres e hijos".

Wu Qi dijo:
Los principios generales para hacer la guerra son estos: no se debe infringir el ritmo de avance y cese, ni perder el momento oportuno para alimentarse, ni consumir la energía física de las tropas y los caballos. Si se llevan a cabo estos tres puntos, entonces los soldados tendrán la fortaleza física y psíquica para acatar las órdenes emitidas por sus superiores. Lograr que ellos puedan cumplir las órdenes que los comandantes expiden es la base fundamental del funcionamiento de las tropas. Si, por el contrario, se infringe el ritmo de avance y cese, si se pierde la ocasión propicia para suministrar alimentos y si se consume la energía física de las tropas y estas no descansan, entonces no podrán obedecer las órdenes de sus superiores. A la hora de defender, invariablemente entrarán en desorden y, a la hora de enfrentar, inevitablemente perderán.

Wu Qi dijo:

Todos los lugares en donde dos ejércitos traban batalla, estos son lugares de muerte y derramamiento de sangre. Si se tiene determinación de muerte, entonces se sobrevivirá, si se tiene la mentalidad de sobrevivir por buena suerte, inevitablemente se morirá.

Por eso un buen general que comanda en batalla debe emplear al ejército como si estuviera sentado en un bote perforado con filtraciones, o escondido bajo una casa que arde en llamas: de manera urgente debe entrar en acción.

Bajo estas circunstancias, aunque se trate de un hombre ingenioso, no tendrá tiempo para idear una estrategia; aunque valiente, no tendrá tiempo para animar a las tropas. Solo deberá decidirse rápidamente. De esta manera se podrá tratar con el enemigo. Por esto digo: el desastre más grande a la hora de hacer la guerra es que los generales sean indecisos. El aniquilamiento de los tres ejércitos [el ejército entero] viene dado por el hecho de vacilar.

Wu Qi dijo:

Los soldados a menudo mueren en combate producto de la falta de técnica y pierden por ignorar las estrategias militares. El método es, en primer lugar, llevar a cabo un buen entrenamiento de los soldados. Un solo hombre que domine el arte del combate puede enseñarles a otros diez. Diez hombres pueden enseñarles a cien. Cien hombres instruidos en este arte pueden enseñarles a mil. Mil hombres preparados pueden enseñarles a diez mil. Diez mil hombres que se destacan en el arte del combate pueden enseñarle a todo el ejército.

Desde el punto de vista estratégico, se debe esperar cerca del campo de batalla al enemigo que viene desde lejos; esperar sin descanso al adversario fatigado y esperar satisfechos [bien alimentados] al enemigo hambriento.

Desde el punto de vista del método de posición de las tropas: cambiar la posición circular a posición cuadrada;[23] la posición sentada, a posición erguida; avanzar y frenar, ir hacia la izquierda, cambiar e ir hacia la derecha; ir hacia adelante, cambiar e ir hacia atrás; lucir dispersos, cambiarlo por estar concentrados, y mostrarse concentrados, cambiarlo por estar dispersos.

Cada uno de estos cambios debe ser estudiado y conocido en detalle, luego enseñado. Esto es asunto de los generales.

Wu Qi dijo:

El método de formación de tropas para la guerra es el siguiente: a los hombres de baja estatura, darles las lanzas de dos puntas (*mao ji*);[24] a los de alta estatura, darles las ballestas; los hombres fuertes llevarán las banderas de guerra y los valientes, los metales y los tambores; los débiles cuidarán los animales, cocinarán y darán de comer, y los sabios serán consejeros. Los *Xiang* y los *Li*[25] permanecerán juntos, los *Shi-Wu*[26] se defenderán mutuamente.

---

23 Aquí, Wu Qi se está refiriendo a la formación estratégica que se usaba en la Antigüedad, llamada *fang yuan zhen* (方圆阵). Sun Bin ya la había considerado en su tratado entre las diez posiciones básicas. *Fang zhen* (方阵), el cuadrado, es la más básica de las formaciones. La estructura consiste en que el gran cuadrado está formado en su interior por pequeños cuadrados. La idea táctica del cuadrado es defender, ya que los cuadrados pequeños se encuentran concentrados, y su capacidad de ataque es escasa. La posición circular *yuan zhen* (圆阵) presenta la forma de un anillo y no deja puntos débiles a la vista. En el centro se encuentran los tambores y los estandartes. También era usada como método de defensa.

24 *Mao ji* (矛戟): lanza de dos puntas, alabarda.

25 *Xiang Li* (乡里): antiguo sistema de subdivisión y administración de distritos. Incluye los llamados *Wu* (伍) y *Shi* (什).

26 Al pueblo se lo reunía en grupos de a cinco familias, a los que se llamaba *Wu*, y de a diez familias, a los que se llamaba *Shi*. Los grupos debían defenderse mutuamente y supervisar sus conductas entre ellos mismos, ya que si un individuo cometía un crimen el resto del grupo también era castigado. División perteneciente al sistema *Xiang Li* (乡里).

Las señales de movimiento de las tropas son estas: tocar una vez el tambor para acomodar las armas. Tocarlo dos veces para practicar la posición de batalla; tres veces para cenar rápidamente; cuatro veces para estar listos y a la espera; cinco veces para alinear bien la formación. Al oír que los tambores suenan todos juntos, alzar las banderas.

Wu Hou preguntó:

¿Existe algún principio determinado para el avance y la detención del ejército entero?

Wu Qi respondió:

No debe acampar en el Horno del Cielo como así tampoco en la Cabeza del Dragón. Llamo Horno del Cielo a la entrada de los grandes valles y por Cabeza del Dragón entiendo al pico de las altas montañas. Se debe comandar a la parte izquierda de las tropas alzando la bandera del dragón verde. Para comandar la parte derecha, se usa la del tigre blanco; para la parte delantera, la del pájaro escarlata; para la retaguardia, la de la tortuga negra.[27]

Desde el centro de la formación se debe mostrar con ostentación las banderas en alto; el ejército se mueve bajo estos comandos.

En vísperas de la guerra conviene observar la dirección del viento. Si es favorable, aprovechar la oportunidad y avanzar gritando; si el viento es contrario, entonces adoptar una posición firme para defender, esperando que cambie su rumbo.

---

27 El dragón verde, el tigre blanco, el pájaro escarlata y la tortuga negra son las cuatro divinidades de la mitología china que representan los cuatro puntos cardinales. El pájaro escarlata (朱雀) significa el sur; el tigre blanco (白虎), el oeste; la tortuga negra (玄武), el norte; y el dragón verde (青龙), el este. Tienen su origen en la China antigua y no en el taoísmo. Recién bajo la dinastía Han esta representación es asimilada por la escuela taoísta.

Wu Hou preguntó:

¿Qué método debo implementar para criar y entrenar a los caballos de combate?

Wu Qi respondió:

El lugar donde se críe a los caballos debe ser tranquilo y cómodo, y el alimento, apropiado. Se debe controlar cuándo tienen hambre y cuándo están satisfechos.

Durante el invierno, es necesario mantener el calor dentro del establo. Durante el verano, se debe estar atento a que la temperatura en este sea agradable. Cortarles y lavarles las crines con regularidad. Al caballo se lo debe herrar con cuidado. Debe estar familiarizado con cada rostro y con cada voz. Esto hará que no tema. Respecto de la práctica del galope rápido para perseguir, el caballo debe estar acostumbrado a los movimientos de avance y detención. Es importante lograr una relación íntima entre caballo y hombre. Una vez establecida, constituye una herramienta útil.

Los elementos para montar o utilizados para los carros de combate (por ejemplo, la silla de montar, el cabestro, las bridas, las riendas) deben necesariamente estar en buen estado, ser resistentes. El caballo no se resiente cuando se termina de usarlo, sino que se lastima desde el comienzo de su uso; no se resiente por tener hambre, sino por estar ahíto. Cuando el día oscurece y el camino aún es largo, es imprescindible desmontar, ya que es preferible que los jinetes estén un poco cansados a que los caballos se encuentren exhaustos.

De gran relevancia es preservar la energía de los caballos para así poder enfrentar un ataque sorpresivo del enemigo. Si logra comprender estos principios, podrá actuar a su antojo [Sin oponentes bajo el cielo, *tian xia wu di,* 天下无敌].

Comentario

Los instrumentos que se utilizan en una contienda deben hallarse en óptimas condiciones. Aunque esta idea nos resulte obvia, no por eso es menos importante ya que estos aparecen como un componente esencial a la hora de actuar. Los instrumentos para hacer la guerra son el soporte físico que inviste al grupo y lo resguarda de una desnudez mortal; son la materialización del vehículo en el cual una orden se vuelve efectiva. Por lo tanto, encomendar una misión sin considerar la existencia previa y el óptimo funcionamiento de las herramientas necesarias para su ejecución es algo propio de un líder indocto y perverso.

Un general debe ser ordenado, consecuente y bajo ningún concepto debe vacilar. Estas tres premisas son, para Wu Qi, factores necesarios para un desenlace victorioso: su ausencia implicaría el desastre.

La armonía interna del grupo comandado y el acatamiento de las órdenes emitidas surgen de este modo:

la primera, del conocimiento estratégico del general;

la segunda, por su disposición práctica conforme a la ley moral.

Pero la obediencia no solo es obtenida a raíz de la actitud benévola del líder para con sus subordinados, sino que también halla un gran sustento en el factor del miedo como motivador negativo. Este miedo no nace de la coacción y la amenaza, ya que estas no son formas útiles ni legítimas de liderazgo.

Según Wu Qi, un hombre no mata, no solo por la norma que lo prohíbe sino fundamentalmente por el miedo al castigo físico.

Del mismo modo que la ruptura de los códigos morales constitutivos de un grupo dado implica inevitablemente una acción punitiva de naturaleza necesaria, el acatamiento y la entrega obligatoriamente deben ser recompensados.

El estado de conciencia acerca de la existencia real de estos preceptos motivacionales provoca en cada individuo una delimitación imperiosa que lo mesura y lo torna presto para acatar obligaciones. Por lo
tanto, la combinación armónica de la benevolencia y el rigor serían,
según Wu Qi, cualidades indispensables del liderazgo.

Capítulo cuarto

Discurso sobre el general

轻合而不知利，未可也

"Atacar en forma precipitada sin conocer los aspectos favorable y desfavorable es inadmisible".

Wu Qi dijo:

Quien posea las habilidades militares y civiles podrá ser general. Si es capaz de combinar lo estricto con lo flexible, podrá guiar para hacer la guerra. Las personas comunes y corrientes, a la hora de evaluar a un general, con frecuencia consideran únicamente su coraje y su valor. En realidad, el coraje para un general es solo una de las condiciones necesarias que debe poseer entre tantas otras. Si solamente se basa en el coraje, sin duda atacará al enemigo con precipitación. Atacar en forma precipitada sin conocer los aspectos favorable y desfavorable es inadmisible. Por eso un general debe prestar especial atención a cinco asuntos: el primero se llama *li* (理); el segundo, *bei* (备); el tercero, *guo* (果); el cuarto, *jie* (戒); y el quinto se llama *yue* (约).

Li significa: administrar a un numeroso ejército como si se administrara a uno pequeño.[28]

---

28 Esta idea la encontramos también en Sun Zi: "Administrar tropas de numerosos hombres como si se administrara tropas de muy pocos hombres" (*fan zhi zhong ru zhi gua, fen shu shi ye*, 凡治众如治寡 ，分数是也).

Bei significa: ponerse en marcha tomando las precauciones necesarias, como si se fuera a enfrentar a un enemigo poderoso.[29]

Guo significa: a la hora de hacer la guerra y enfrentar al enemigo, no se puede considerar salvar la propia vida.

Jie significa: aunque se haya obtenido la victoria en la batalla, se debe tener la misma cautela y prudencia que se tuvo al comienzo de la misma.

Yue significa: las leyes y los decretos deben ser concisos y simples y no estar cargados de detalles triviales. Al recibir una orden o misión, de ninguna manera se la rehusará. Una vez vencido al enemigo se podrá hablar del regreso.

Esto es lo que debe hacer un general. Entonces, el día en que se marcha hacia la guerra, el general debe tomar la firme resolución de morir con honor en combate y no de vivir con deshonor por intentar salvar su propia vida.

Wu Qi dijo:
El uso de las fuerzas militares implica cuatro puntos clave.

El primero consiste en conocer íntimamente los altibajos de la moral de los soldados y saber aprovechar su voluntad de combate. Esto depende de una sola persona: el general. A esto lo llamo el punto clave del *qi ji* (气机).

---

29 Wu Qi utiliza aquí la expresión: *"Chu men ru jian di"* (出门如见敌). La traducción inmediata es: "Salir como si se viera al enemigo". Esta sentencia ya la encontramos en Confucio, pero él no habla de enemigos; por el contrario, dice: *"Chu men ru jian da bin"* (出门如见大宾), "salir como si se viera a un huésped distinguido". Teniendo en cuenta que Wu Qi era seguidor del pensamiento confuciano, vale decir que en esta oración parecería haber un agregado de significación, ya que la idea de Confucio es salir a realizar o encargarse de asuntos con respeto y seriedad (como si recibiéramos a un huésped distinguido). Wu Qi, al decir enemigo, añade el sentido de la precaución en términos estrictamente belicistas.

El segundo es saber utilizar el terreno: usar caminos estrechos y peligrosos, las grandes montañas como puntos estratégicos, de tal modo que diez hombres puedan defender las posiciones propias y mil [enemigos] no puedan cruzar. A esto llamo el punto clave del *di ji* (地机).

El tercero significa aplicar estrategias. Ser bueno para utilizar espías, despachar tropas con armas livianas que acosen repetidamente al enemigo, dispersar sus tropas, sembrar discordia y enemistad entre sus gobernantes y ministros, generar resentimiento entre generales y soldados. A esto llamo el punto clave del *shi ji* (事机).

El cuarto es la fuerza. Se trata de gestionar una sólida administración de los carros de guerra, preparar los remos y el *lu* (橹)[30] para un uso conveniente de las embarcaciones.

Los soldados deben conocer muy bien su posición dentro del campo de batalla, los caballos deben ser expertos en galopar velozmente. A esto llamo el punto clave de *li ji* (力机).

Si se entienden estos cuatro puntos cruciales, entonces se podrá ocupar el cargo de general.

Sus prestigio, carácter moral, benevolencia y valentía deben ser suficientes como para comandar a sus subordinados y estabilizar el numeroso ejército, ser temido por el enemigo y resolver dificultades; para que, al dar una orden, los subordinados no se atrevan a contrariarla; y para que en cualquier sitio donde él se encuentre, el enemigo no se atreva a invadir. Si se consigue un general con estas características, entonces la nación será próspera y poderosa. De no encontrarlo, la nación será aniquilada.

A esto se llama un excelente general.

---

30 Especie de remo trasero que direcciona e impulsa la embarcación.

Wu Qi dijo:

El toque de los tambores y el sonido de las campanas son usados como señal auditiva y las banderas como señal visual para comandar a las tropas. La prohibición y el castigo se aplican para contener la disciplina del ejército.

El oído recibe las órdenes a través de los sonidos, por lo tanto, estos deben ser claros. Los ojos las reciben a través de los colores, por lo que estos deben ser nítidos y distintivos. La moral de los soldados [el corazón de combate, el espíritu de combate] está enmarcada por el castigo, entonces este debe ser estricto.

Si no se establecen estos tres puntos, aunque exista una nación esta será vencida por el enemigo.

De este modo, todas las órdenes emitidas por un general deben ser obedecidas. Cualquiera sea la dirección que el general indique, se deberá ir hacia adelante, arriesgando la vida.

Wu Qi dijo:

En términos generales, esto es lo más importante a la hora de hacer la guerra: ante todo, intentar saber quién es el general enemigo y entender cabalmente cuáles son sus habilidades. De acuerdo con las circunstancias del adversario, formular una estrategia flexible, así el éxito se obtendrá sin mucho esfuerzo. Si el general enemigo es ignorante y cree fácilmente lo que dicen los demás, entonces será factible seducirlo mediante engaños. Si persigue el lucro y hace caso omiso de la reputación, se usarán bienes materiales para sobornarlo. Si cambia con liviandad sus decisiones y no posee una estrategia, se lo acosará hasta fatigarlo. Si los superiores exhiben prosperidad y arrogancia y los subordinados son pobres y están descontentos, convendrá sembrar discordia. Si dudan a la hora de avanzar o retirarse y las tropas no saben qué curso tomar, se tratará de estremecerlas y espantarlas. Si los soldados desprecian a su general y emprenden con ansiedad el camino de regreso a casa, habrá que obstruir el camino llano y fácil de transitar, para obligarlos a marchar por un sendero dificultoso y peligroso; de esta manera, será fácil emboscarlos y eliminarlos. Cuando el enemigo se encuentre en un terreno cómodo para avanzar y un terreno difícil para retirarse, se lo seducirá para que avance y así destruirlo. Cuando el adversario tenga un terreno difícil para avanzar y cómodo para retirarse, será posible aproximarse a él y atacarlo.

Si el sitio donde reside el enemigo es bajo y muy húmedo, el curso del agua acumulada no drena [agua estancada], las lluvias son constantes, se encauzará el agua hacia él para inundarlo. Si se trata de un sitio pantanoso y poblado de maleza, donde la vegetación es densa y los vientos fuertes son frecuentes, entonces se lo atacará con fuego para incendiarlo. Si durante un largo periodo el enemigo ha permanecido estacionado en un mismo lugar, si los generales y los soldados han relajado la vigilancia y el estado de alerta ha disminuido, será fácil atacarlo por sorpresa.

Wu Hou preguntó:

Cuando los dos ejércitos están listos para entrar en combate y no sé cuáles son las habilidades del general enemigo y deseo conocerlas, ¿qué método debo aplicar?

Wu Qi respondió:

Ordénele a algunos subordinados valientes que dirijan a un grupo [tropa] selecto y con equipo liviano. Envíelo a explorar. Esta tropa necesariamente deberá retirarse "derrotada" y no pelear para vencer: solo estará para observar los movimientos de avance y retroceso que efectúa el enemigo mientras la persigue.

Si las órdenes del enemigo para avanzar y retroceder son metódicas, si al perseguir finge no poder alcanzarlos, si al ver la ventaja finge no darse cuenta, eso significa que este tipo de general muestra ingenio y sabiduría; por lo tanto, no haga la guerra. Si el adversario genera alboroto y confusión, sus banderas se muestran desordenadas, los soldados avanzan y retroceden por sí mismos [sin directivas], si sus armas están desorganizadas, si al perseguir por temor no alcanza al perseguido, si al ver la ventaja no la aprovecha por miedo, queda claro que su general es un ignorante y, por más numeroso que sea su ejército, podrá capturarlo.

Comentario

Wu Qi señala la insuficiencia de concebir el coraje como única virtud de un general. Un líder debe poseer, además, instrucción en el arte de la estrategia y en el control de los integrantes del grupo mediante el pleno conocimiento de su conducta. Para Wu Qi, es imprescindible y necesaria la correcta capacitación del líder. La excelente administración; la toma de precauciones; la entrega, cautela y claridad en las leyes y en las órdenes son cuatro virtudes esenciales que todo general debe poseer.

El conocimiento del enemigo no solo implica el abordaje reflexivo de sus modos operativo y táctico: Wu Qi le concede también un significativo grado de importancia a la aproximación psicológica del mismo. El análisis de la conducta del líder enemigo y la consideración del tipo de relación que presenta a nivel social son factores relevantes para elaborar estrategias pertinentes y singulares. Esta constante adaptación, tanto a los terrenos como a las múltiples facetas de la conducta de los líderes enemigos y de sus relaciones sociales, refuerza la importancia de la capacitación del general, ya que las estrategias deben ser elaboradas y variar según la particularidad de los casos.

La relevancia que Wu Qi otorga a la necesidad de conocer profundamente al enemigo queda de manifiesto cuando sugiere que es pertinente enviar una tropa de sondeo si no se conocen las habilidades del enemigo. Esta no debe poseer el ánimo de vencer; por el contrario, debe huir y estudiar los mecanismos que despliega el oponente para perseguirla y atacarla. Como consecuencia, la necesidad de conocerlo llega al punto de considerar el sacrificio de unos pocos soldados, con el fin de desenmascarar su *modus operandi*.

Capítulo quinto

Gestión de los cambios

避之于易，邀之于厄。故曰，以一击十

"Evite enfrentar al enemigo en un camino llano y abierto, use un terreno estratégico y de difícil acceso, de esta manera un solo hombre podrá enfrentar frente a diez".

Wu Hou preguntó:

Los carros de combates son sólidos, los caballos dóciles, los generales valientes y los soldados fuertes. Pero si subrepticiamente nos topamos con el enemigo y este nos encuentra con las formaciones en desorden, ¿qué debo hacer?

Wu Qi respondió:

El método de combate es: durante el día, usar las banderas para comandar; durante la noche, utilizar los tambores y las campanas. Si se ordena ir hacia la izquierda, entonces se irá hacia la izquierda, si se ordena ir hacia la derecha, se irá hacia la derecha. Suena el tambor, se avanza; suena la campana, se frena.

Si se sopla una vez la *jia di*,[31] se ponen en marcha; si se sopla dos veces, se reúnen… El ejército entero está convencido de la grandiosidad de su general y todos los soldados obedecen sus órdenes. De esta manera no existe enemigo poderoso que no pueda derrotar y no hay ejército sólido que no pueda quebrantar.

---

31 *Jia di* (笳笛): especie de flauta hecha de bambú utilizada antiguamente en la guerra para comandar.

Wu Hou preguntó:

¿Qué debo hacer si el enemigo me supera en números?

Wu Qi respondió:

Evite enfrentarlo en un camino llano y abierto, use un terreno estratégico y de difícil acceso; de esta manera, un solo hombre podrá enfrentar a diez. Lo mejor es usar un terreno angosto: diez hombres podrán enfrentar a cien. Lo mejor es usar un terreno estratégico y de difícil acceso: mil hombres podrán enfrentar a diez mil. Lo mejor es usar una zona obstruida. Si dispone de una escasa cantidad de soldados, entonces debe atacar en forma abrupta en el camino estrecho, tocando los tambores y las campanas. Aunque el enemigo sea numeroso, no debe alarmarse. Por lo tanto, si tiene un ejército numeroso, debe seleccionar un terreno llano y abierto para la batalla, pero si este es pequeño, conviene elegir un terreno estratégico y de difícil acceso.

Wu Hou preguntó:

Si el enemigo es numeroso, posee una excelente formación, es valiente, está resguardado por detrás por una zona peligrosa y de difícil acceso, a la derecha por la montaña y a la izquierda por el río, posee una fuerte defensa, usa poderosas ballestas, se retira con profunda calma y avanza como el viento y la lluvia, sus provisiones son abundantes y es muy difícil defenderse de él durante un largo periodo, ¿qué debo hacer?

Wu Qi respondió:

Su pregunta es por demás importante. Esta situación no podrá ser resuelta apoyándose solamente en los carros de combate y en la caballería, sino también en un estratega sabio, para así obtener la victoria.

Si puede, prepare mil carros de combate y una caballería de diez mil hombres, súmeles la infantería y divídalos en cinco grupos [tropas].

A los cinco grupos, ordéneles dirigirse en las cinco direcciones[32]; de esta manera, el adversario se sentirá confundido, no sabrá por dónde será atacado. Si el enemigo posee una fuerte defensa y un ejército sólido, entonces envíe inmediatamente a un mensajero para conocer sus intenciones. Si su mensajero logra persuadirlo de que retire sus tropas, usted también retirará las suyas. Si, por el contrario, no lo escucha, o lo asesina y quema la carta que le envió, entonces usted atacará en las cinco direcciones.

Si vence, no persiga. Si es vencido, realice una rápida retirada. Si se pretende fingir una retirada como señuelo, se debe ser especialmente prudente en el movimiento y atacar con rapidez por medio de uno de los grupos. Respecto de los cuatro grupos restantes, uno distrae el frente del enemigo, otro interrumpe su ruta de retirada, los otros dos avanzan en secreto y asaltan sorpresivamente la guardia por izquierda y por derecha. Los cinco grupos atacan en forma conjunta. Esto resulta beneficioso. Este es el método para atacar a un enemigo poderoso.

Wu Hou preguntó:
El enemigo está cerca, me obliga a atacar. Deseo librarme de él pero no tengo salida, mis soldados están asustados, ¿qué debo hacer?

Wu Qi respondió:
El método para tratar este problema es este: si el enemigo es superado en número, entonces puede dividir las tropas y rodearlo. Si en cambio él es quien lo supera en número, debe concentrar a las tropas y atacarlo de manera ininterrumpida. Aunque el enemigo sea numeroso, podrá ponerlo bajo control.

---

32 Como he señalado en un apartado del Capítulo tercero, en la antigua China los cuatro puntos cardinales eran representados por cuatro divinidades. Aquí, Wu Qi habla de cinco direcciones, ya que el unicornio chino (*qi lin*, 麒麟) representaba la posición del medio.

Wu Hou preguntó:

Si estoy en un valle y me encuentro con el enemigo, ambos lados son peligrosos y dificultosos y él me supera en número, ¿qué debo hacer?

Wu Qi respondió:

Si se encuentra con terrenos desfavorables como colinas, bosques, valles, montañas profundas y grandes ríos, entonces debe atravesarlos rápidamente. Si, encontrándose en la alta montaña o en un valle profundo, se topa repentinamente con el enemigo, ante todo debe batir los tambores, gritar todos juntos con fuerza y aprovechar la oportunidad, avanzar con arcos, disparar y al mismo tiempo tomar prisioneros. Luego, observe con cuidado la situación del enemigo: si sus tropas entraron en caos, debe atacar. No hay lugar para dudas ni vacilaciones.

Wu Hou preguntó:

Si a la derecha y a la izquierda hay montañas, el terreno es muy estrecho y de repente nos encontramos con el enemigo, que no se atreve a atacar y no puede retroceder, ¿qué debo hacer?

Wu Qi respondió:

Esta situación se llama Guerra del Valle. Aunque las tropas sean muchas, no sirven. Debe elegir a los mejores soldados para enfrentar al enemigo. Seleccione a los que caminan rápido y poseen las armas más afiladas para que vayan adelante; los caballos y los carruajes deben estar escondidos en las cuatro direcciones, alejados algunos *li*.[33] Esta estrategia no debe revelarse. De esta manera, el enemigo se verá obligado a defender con firmeza su posición, no se atreverá a avanzar, ni tampoco a retroceder. En ese momento, levante las banderas y dirí-

---

33 Medida china: un *li* equivale a 500 metros.

jase fuera de las montañas: el enemigo temerá. Luego utilice los carros y los caballos para atacarlo, sin darle la oportunidad de descansar. Este es el método de la Guerra del Valle.

Wu Hou preguntó:

Si me encuentro con el enemigo en una zona inundada, el flujo del agua es fuerte, corro el riesgo de que se inclinen los carros y sus ejes se hundan, el agua se aproxima a los carros y a la caballería y amenaza con engullirlos, no he preparado botes ni remos, no puedo avanzar ni retroceder, ¿qué debo hacer?

Wu Qi respondió:

Esto se llama la Guerra del Agua. Los carros de combate y la caballería no tienen ningún uso, por el momento debe dejarlos en la orilla. Escale a una altura que le permita ver hacia las cuatro direcciones, de modo de tener una clara idea de la situación del agua, evaluar el ancho de su superficie y cerciorarse de su profundidad. De esta manera podrá derrotar al enemigo con un ataque sorpresa. Si este decide cruzar a través del agua, debe atacarlo cuando llegue a la mitad del vado.

Wu Hou preguntó:

Si continuamente está nublado y lluvioso, los caballos están atascados y los carros no pueden moverse, el enemigo me rodea por los cuatro costados, todo el ejército está aterrorizado, ¿qué debo hacer?

Wu Qi respondió:

Comúnmente se usan los carros de combate para hacer la guerra, entonces si llueve y hay fango, debe detenerse. Si el día está claro y la tierra seca, puede avanzar. Conviene recorrer terrenos altos y no bajos para movilizarse. Debe hacer que los carros marchen con velocidad, no importa si está avanzando o retrocediendo, siempre debe utilizar un camino seco [si el enemigo se retira, debe perseguirlo siguiendo las huellas].

Wu Hou preguntó:

Si un enemigo feroz aparece repentinamente y saquea mis cultivos y roba mi ganado, ¿qué debo hacer?

Wu Qi respondió:

Si un enemigo salvaje saquea sus cosechas y roba su ganado, debe meditar [averiguar] qué tan poderoso es. Debe reforzar la defensa y no responder con un ataque. La carga del enemigo inevitablemente será pesada y él tendrá miedo. A la hora de retirarse, lo hará con precipitación, de modo que no podrá mantenerse unido. En este momento debe atacar, para poder así diezmarlo.

Wu Qi dijo:

El principio común para sitiar una ciudad enemiga es este: una vez atacada y dominada la ciudad, se puede separar a las autoridades enemigas, controlar y dominar a sus funcionarios, confiscar sus equipos y bienes materiales. Por dondequiera que vayan, las tropas no deben derribar árboles ni incendiar las casas, tampoco deben tomar por la fuerza los alimentos, ni matar a los seis animales domésticos (*liu chu*)[34] y tampoco deben quemar los almacenes.

De esta manera se da a conocer al pueblo que no se posee un espíritu cruel y feroz. Si hay quienes imploran para rendirse, se les permitirá hacerlo, para apaciguarlos.

---

34 *Liu chu* (六畜): los seis animales domésticos en la Antigüedad (cerdo, buey, cabra, caballo, gallina y perro).

Comentario

Si el método de acción, sea de ataque o de defensa, proviene del análisis y de la reflexión de las circunstancias internas y externas, entonces el número de rivales a enfrentar es, de alguna manera, irrelevante. Cantidad no es sinónimo de fuerza, siempre y cuando se posea un método estratégico elaborado a través del conocimiento del ámbito donde se entablará el combate. La cantidad, por lo tanto, no determina la victoria.

Para Wu Qi, es necesaria la regulación de la ferocidad del guerrero. Esta mesura no considera al enemigo activo en el campo de batalla al que se debe suprimir, solamente es funcional para con el pueblo que padece pasivamente la invasión. La vida de los habitantes debe ser respetada, pero solamente si no existe en ellos el ánimo de confrontar.

Esta dicotomía presente en el proceder del soldado lo exalta en virtud, delimita su acción y previene la barbarie.

Capítulo sexto
Estimulación de los oficiales y soldados

一人投命，足惧千夫

"[…] basta un solo hombre que no tema perder la vida para acobardar a mil".

Wu Hou preguntó:

La aplicación de recompensas y castigos de manera estricta e imparcial, ¿es suficiente para salir victoriosos de la batalla?

Wu Qi respondió:

Acerca del uso de recompensas y castigos de manera estricta e imparcial, yo no voy a explicárselo en forma detallada. Si bien es un asunto de extrema importancia, no debe ampararse totalmente en él.

Existen tres puntos neurálgicos en los cuales debe apoyarse cualquier soberano: a la hora de emitir órdenes, todos deben escucharlas y obedecerlas felizmente; en el momento de enviar tropas a la guerra, todos deben entrar en la batalla con "felicidad"; y cuando es necesario lanzar ataques audaces contra el enemigo, deben ofrendar sus vidas con "felicidad".

Wu Hou preguntó:
¿Cómo puedo hacer lo que dices?

Wu Qi respondió:

Seleccione a quienes han prestado un servicio meritorio e invítelos a un gran banquete para agasajarlos. Esto no solo los estimulará sino que también constituirá una suerte de aliento e impulso para aquellos que no han servido con mérito. Recomiendo escoger el templo como lugar del ceremonial (ritual), disponer tres filas de asientos y agasajar a los oficiales de gobierno y a los intelectuales que gozan de popularidad social. En la primera fila se sentarán los hombres que han demostrado mérito. En el banquete no deberán faltar el cerdo, el buey y la oveja, servidos en la más lujosa vajilla.

En la segunda fila se sentarán quienes han servido de manera regular. El banquete y la vajilla serán comparativamente inferiores. En la última fila se sentarán los que no poseen mérito alguno. A estos se les ofrecerá el banquete pero no utilizarán vajilla costosa.

Una vez terminado el banquete y hallándose todos en la puerta del templo, recomiendo ofrecer una recompensa a las madres y las esposas de quienes han servido con mérito, diferenciando entre ellos a los mejores.

A las familias de los oficiales y soldados caídos en cumplimiento de su deber, cada año les enviará emisarios para otorgarles una recompensa y su gratitud, para demostrar que no han sido olvidados.

Pasados tres años de haberse implementado este método, el Estado de Qin envió tropas a la frontera oeste del río del Estado de Wei. Al oír esta noticia, los soldados del Estado de Wei no necesitaron que los oficiales les ordenaran combatir, ellos solos —por voluntad propia y vistiendo sus armaduras— se lanzaron con valentía a la batalla, contra un enemigo que era por demás numeroso.

Por lo tanto, Wu Hou mandó llamar a Wu Qi y le dijo:

Ahora puedo ver los resultados del método que me ha enseñado.

Wu Qi respondió:

He oído que hay personas con puntos fuertes y puntos débiles y con el espíritu combativo con altibajos. Bien podría usted formar un grupo de cincuenta mil hombres carentes de mérito y permitirme guiarlos para atacar al enemigo. Si no tengo éxito, entonces seré objeto de burla de los duques y perderé toda autoridad y credibilidad.

Si envía un grupo de mil hombres para capturar a un bandido que ha cometido un crimen capital y se esconde en un sitio desolado fuera de la ciudad, entre estos no habrá uno que no considere el asunto con cautela. ¿Por qué sucede esto? Porque temen que el maleante aparezca sorpresivamente y los asesine. Por lo tanto, basta un solo hombre que no tema perder la vida para acobardar a mil.

Ahora, estos cincuenta mil hombres y yo somos iguales que el bandido. Los guiaré para suprimir al enemigo y el enemigo difícilmente resistirá.

Wu Hou aceptó la idea propuesta por Wu Qi, sumó quinientos carros de combate tirados cada uno por cuatro caballos y una caballería de tres mil hombres para derrotar a los quinientos mil soldados del ejército del Estado de Qin. Este es el resultado del estímulo moral.

Un día antes del enfrentamiento, Wu Qi ordenó lo siguiente a las tres facciones de su ejército:

Oficiales y soldados deben obedecer mis órdenes cuando vayan a trabar combate con el enemigo, no importa si se trata de la caballería, de la infantería o de los carros de guerra. Si la caballería no captura a la caballería enemiga, si la infantería no captura a la infantería enemiga y los carros de combate no capturan a los carros del adversario, aunque se lo derrote no contará como mérito.

Entonces, las órdenes emitidas fueron precisas y los resultados fueron brillantes en el día de la batalla.

Comentario

Transformar la causa del grupo en la causa de cada uno de sus integrantes es el desafío de todo líder. Es necesario lograr que las órdenes emitidas se cumplan y se acaten sin ser cuestionadas: ya debe estar en el deseo de sus miembros acatarlas, a tal punto que, de no ser emitidas, ellos mismos las pongan en acción, por iniciativa propia.

Para lograr este objetivo, Wu Qi considera que el castigo y la recompensa como tales, en un grupo con enfoques de acción definidos, si bien son importantes no deben transformarse en la única herramienta de control del accionar de sus miembros.

El solo uso del castigo, aplicado como motor y supresor de ciertos factores de conducta, no basta para preservar un orden y motivar plenamente la voluntad. Las futuras acciones del individuo sancionado vendrán impregnadas del miedo a errar, lo que disminuirá considerablemente su energía mental, ya que el enfoque no estará íntegramente puesto en la tarea sino en gran parte malgastado por el temor.

En la actualidad, todo miembro subordinado, a sabiendas de ser un engranaje prescindible en una estructura dada, solo mantiene viva su voluntad de acción por miedo a volverse una pieza disfuncional y, por lo tanto, obsoleta. Esto sucede cuando existe una profunda ausencia de estímulos positivos que vigoricen su ánimo. Si bien Wu Qi considera necesarios la construcción y el anclaje del fantasma del miedo como método de motivación negativa, no valora este como un factor determinante a la hora de nutrir la voluntad plena de los individuos, ya que en el miedo no acontece la felicidad.

Así, la necesaria existencia del temor como factor estimulante y determinante de la conducta sería solo una herramienta secundaria de control, incapaz de impregnar con felicidad el espectro volitivo. Por esto, Wu Qi realza la importancia de la motivación positiva como un instrumento necesario y primordial para conseguir una completa y real adhesión por parte del individuo.

La felicidad parecería ser, para Wu Qi, otro engranaje en la técnica de control, ya que esta puede ser utilizada como una malla de contención que previene la traición, el desgano y la ruptura del orden.

Por lo tanto, aquellos integrantes con un rendimiento bajo, con pocos logros y escasos méritos reciben una recompensa significativamente menor. Esto claramente se trata de lo que hoy llamamos incentivo como concepto motivacional. El individuo es estimulado a perseguir una recompensa mayor, que se irá incrementando en forma proporcional a la consumación de méritos.

Benevolencia

Confucio propone el estudio y el aprendizaje de la benevolencia, solicita a los gobernantes que comprendan el sentimiento popular y que se opongan a la tiranía y a la pena de muerte arbitraria. Fomenta, además, una amplia comprensión y consideración por los demás. Logra con esto regular las relaciones interpersonales y estabilizar el orden social. Confucio considera necesario el cumplimiento de lo que él llama "amar a las personas" (*ai ren*, 爱人) y que se siga el camino de lo que denomina "devoción y perdón"(*zhong shu,* 忠恕).[35] La idea de benevolencia abarca tanto la noción de protección e interés respecto de la gente como así también la de "pensamiento centrado en las personas"(*min ben si xiang,* 民本思想),[36] siendo estas partes constitutivas y neurálgicas de su universo ético y moral.

---

35 Pensamiento ético del confucianismo. La "devoción" se refiere a tratar de ser bueno para con los demás; "perdón" significa tratarlos como nosotros queremos que nos traten.

36 "El pensamiento centrado en las personas" se originó en forma temprana en la antigua China y tiene una amplia gama de influencia, ya que tuvo un gran impacto en su política, su economía y su cultura. Es un tipo de pensamiento que toma los intereses del pueblo como punto de partida para que la clase dominante mantenga el poder político. Está orientado a las personas, sin concepto de clase, y se despliega en torno del interés por la vida humana. Se trata de una proposición del constitucionalismo con un significado muy profundo, cuyo propósito principal es declarar que incluso el rey, que ostenta el poder supremo, no puede ser un legislador arbitrario y todopoderoso.

Ritual

El concepto de ritual (*li*) tiene como objetivo hacer que las personas comprendan claramente las relaciones que mantienen con los demás seres humanos, sus cosas y asuntos. Los ritos no los establece el rey sino que provienen de la tradición y las costumbres, del reconocimiento de los sentimientos humanos y del descubrimiento de la ley natural por parte de los sabios. Desde esta perspectiva, la ley apropiada no se "inventa" sino que se "descubre".

Desde el confucianismo, esto se denomina "ritos que rigen de acuerdo con las costumbres", es decir, la ley humana se descubre a partir del derecho consuetudinario y del derecho natural: "la ley precede a la legislación".

El ritual no es solo la forma en la que Confucio considera que debe estar construido un sistema político, sino que es también un código de ética, que incluye la etiqueta y la cortesía. Es un sistema que permite a los gobernantes mantener el orden social. No solo el pueblo está contenido dentro del "ritual", los príncipes y monarcas también deben respetar esta ley.

LAS TRES ESTRATEGIAS DE HUANG SHI GONG

Introducción

Huang Shi Gong vivió durante los periodos de las dinastías Qin y Han (292-195 a. C.). *Las tres estrategias*, también conocido como *Las tres estrategias de Huang Shi Gong*, es un famoso trabajo sobre los asuntos militares de la China antigua que se enfoca en exponer las técnicas adecuadas para administrar un país y sus tropas mediante las estrategias políticas. Combina el pensamiento de varios intelectuales, tales como Confucio, Lao Zi y Sun Zi, entre otros.

En "Las tres estrategias" diserta acerca de cómo seleccionar hombres virtuosos a los cuales atribuirles el cargo de comandante en jefe, para así poder luchar contra el enemigo. Dice Huang Shi Gong: "El comandante en jefe es la columna vertebral de las tropas, solamente con él podrán salir victoriosas". Por tal motivo, la elección de un comandante en jefe es de vital importancia a la hora de entrar en guerra. La labor más importante de este consiste en congregar y aunar la moral de los soldados. Si todos comparten de manera unánime el mismo odio hacia el enemigo, se tienen muchas más chances de vencer en la batalla. Durante el periodo de guerra se debe ser firme, fuerte, flexible y débil, utilizando cada una de estas virtudes y combinándolas según las necesidades inmediatas del conflicto.

Un general debe poseer el corazón de un héroe, recompensar a los hombres de servicio meritorio con dignos salarios y rangos y hacer que todos comulguen en una misma aspiración. Si el objetivo de todos es el mismo, este no podrá quedar trunco; si el sentimiento de odio hacia el adversario es idéntico en todos, este será destruido. Se tendrá una nación calma si se logra captar la voluntad de las masas; si se pierde esta predisposición, la nación será destruida. Porque todas las personas están dispuestas a lograr sus ambiciones.

Este tratado, a diferencia del de Wu Qi, es de carácter estratégico-político. La idea de integrarlo a este trabajo atiende a la posibilidad de analizar y comprender no solo el arte de la guerra sino también el de seleccionar correctamente a quienes la dirigen y la hacen. Este último aspecto es el que aborda Huang Shi Gong.

Considero los conceptos de "virtud", "unión" e "imparcialidad" como los más importantes, ya que aparecen como las articulaciones necesarias para el correcto funcionamiento y la consolidación del grupo.

La virtud y la imparcialidad deben ser encarnadas en el alto mando como requisitos fundamentales para lograr la unión de los subordinados.

Otro concepto importante es el del "miedo". Saber infundir el temor al castigo o a la sanción en los individuos que se encuentran bajo mandato es, tanto para Huang Shi Gong como para Wu Qi y todos los estrategas de la antigua China, una de las habilidades necesarias.

Por lo tanto, el líder debe lograr ser temido sin ser odiado. Huang Shi Gong dice: "Las recompensas y los castigos deberán ciertamente ser otorgados, al igual que en el cielo y en la tierra. Se deberá ser imparcial; de esta manera se podrá controlar a los soldados". Luego, refiriéndose a la reputación del comandante en jefe, dice: "[…] si pierde su reputación, entonces los soldados no sentirán miedo a los castigos".

En consecuencia, la imparcialidad debe considerarse desde un ángulo positivo (recompensas) y otro negativo (castigos), y ambos aspectos deben ser otorgados sin ningún tipo de privilegios ni condicionantes subjetivos. El líder debe aprovechar el miedo al castigo como
una herramienta esencial. Siguiendo la línea interpretativa de Huang
Shi Gong, y sin ánimo de juzgar si es bueno o malo lo que aquí se
considera, cito a Maquiavelo para clarificar esta idea:

"[…] los hombres tienen menos cuidado en ofender a [un príncipe]
que se haga amar que a uno que se haga temer, porque el amor es
un vínculo de gratitud que los hombres, perversos por naturaleza,
rompen cada vez que pueden beneficiarse; pero el temor es miedo
al castigo y no se lo pierde nunca".[37]

Así pues, se podría hacer una distinción entre el individuo en sí, el
individuo dentro del grupo y el líder. Los muros de contención que el
líder debe levantar para que el grupo como tal no se desintegre son la
recompensa, el respeto, el temor y la admiración.

Cada individuo, unificado con los otros, se vuelve una masa que
debe ser tratada como "otro individuo", de cualidades y necesidades
distintas. Comprender sus virtudes y saciar sus demandas son habilidades que todo líder debe poseer obligatoriamente, ya que en ellas
radica la derrota o la victoria.

El arte de conciliar los opuestos y de relacionarse con los subordinados sin generar odio ni resentimiento constituye para Huang Shi
Gong la esencia del talento del líder.

---

37 Maquiavelo, *El príncipe*, cap. XVII. Disponible en: *https://ifdc6m-juj.infd.edu.ar/aula/
archivos/repositorio//0/141/Maquiavelo_-_El_Principe.pdf*

El temor infundido es hacia el líder, el miedo efectivo concierne a la idea de la pérdida de la vida.[38] Algo parecido podemos encontrar en los Evangelios, donde se aclara que los miedos, ya sean efectivos o infundados, deben ser superados, no así el temor hacia Dios, que ha de ser permanente. Esta diferencia entre las dos afecciones emotivas que se manifiestan en cualquier individuo ante la presencia de Dios es análoga a la interpretación de Huang Shi Gong, ya que, para él, ambas se materializan en la figura del líder.

El líder, entonces, no manipula a sus subordinados a través del miedo sino bajo la forma de un castigo seguro, imparcial y fundamentado. De este modo, el miedo habita al subordinado que siente temor hacia el líder, ya que este puede hacer efectivo el castigo bajo circunstancias concretas pero evitables.

El ceremonial (ritual)[39] aparece como uno de los hábitos fundamentales para la unificación de los individuos. Huang Shi Gong no concibe la prosperidad de ningún Estado sin la unificación de todas las psiquis que lo conforman. El líder como tal debe poseer la habilidad adecuada para ser capaz de generar una masa indivisible y leal. Esto lo logra valiéndose del *li*, entre otras cosas.

Esta idea de unificación lejos está de ser obsoleta y antigua. Gustave Le Bon dice en *La psicología de las masas*: "[…]toda una nación, aun cuando no exista una aglomeración visible, puede convertirse en masa bajo la acción de ciertas influencias".[40]

Huang Shi Gong enumera y analiza los influjos que a su entender son considerados como vitales para la victoria y la unidad general.

---

38 Este se da en el soldado que enfrenta una batalla o que traiciona el objetivo y el espectro moral del grupo al que pertenece. En otros ámbitos (el laboral, por ejemplo), este miedo sería el miedo a perder su fuente de ingresos.

39 El ceremonial (ritual, *Li*) era conformado, entre otras cosas, por el conjunto de normativas éticas y el sistema de decretos y reglamentos sociales de la antigua China.

40 Le Bon, Gustave, *La psicología de las masas*.

Las tres estrategias de Huang Shi Gong

(fragmento)

Lo flexible puede ser rígido, lo débil puede ser fuerte. La flexibilidad es un tipo de virtud, la rigidez conduce al desastre. Lo débil fácilmente puede obtener la simpatía y colaboración de la gente, lo poderoso es propenso a recibir el rencor y el ataque.

Hay veces en las que se debe emplear la flexibilidad, otras en las que se debe elegir la rigidez, otras en las que se debe dar la impresión de debilidad y otras en las que se debe ser fuerte.

Estos cuatro estados deben combinarse y utilizarse de manera pertinente, de acuerdo con el desarrollo de las situaciones.

Para el hombre común es difícil conocer la esencia de las cosas antes de que estas manifiesten su principio y su final. La misteriosa ley del movimiento del universo puede manifestarse a través del cambio. Nuestra situación y la de nuestro enemigo también son fluctuantes: se deben establecer diferentes planes de acuerdo con el cambio de la situación del enemigo. No se actuará de manera precipitada antes de que la situación haya llegado a un desarrollo óptimo. Cuando esto suceda, de inmediato se tomarán las medidas necesarias para enfrentar dicha situación.

De esta manera se saldrá siempre victorioso y se podrá ayudar al rey, unificar el país y lograr estabilidad en las cuatro direcciones [los cuatro puntos cardinales].

Un hombre que planee las cosas de este modo podrá ser el maestro del emperador.

Por esta razón, digo, no hay hombre que no anhele triunfar, pero son muy pocos los que conocen bien el profundo principio del arte de dominar lo firme y lo flexible, lo fuerte y lo débil (*Gang rou qiang ruo*, 刚柔强弱). Si se logra comprender correctamente este principio, entonces también la persona sabrá protegerse a sí misma. El hombre sabio que logre asimilar el uso de este principio podrá captar los momentos oportunos para actuar.

Este profundo principio desplegado abarca los cuatro mares; enrollado, no llena una copa. No se necesita una casa para alojarlo, no se precisan murallas para protegerlo, solo es crucial esconderlo en el corazón. De esta manera será posible someter al enemigo.

Se puede utilizar la flexibilidad y al mismo tiempo la firmeza, así el poder de la nación será cada día más esplendido y notable; si se sabe manejar la debilidad y al mismo tiempo la fortaleza, la nación será próspera.

Si solamente se aplica la flexibilidad o bien la debilidad, el poder de la nación sin duda se debilitará; si únicamente se emplea la firmeza o la fuerza, entonces la nación se extinguirá.

El principio más importante para gobernar la nación reside en depender de un hombre que sepa combinar la integridad política con la aptitud y obtener el apoyo de las masas. Tener cerca a personas capaces y virtuosas y tratar a las masas como hermanas, eso hará que no se cometan errores tácticos.

De este modo, a la hora de actuar se logrará la misma coordinación que se obtiene entre las cuatro extremidades y el torso. Al igual que entre estos, se conseguirá una articulación mutua idéntica, que seguirá el curso de la naturaleza, como lo hace el movimiento del *tian dao*.[41] Entonces, el ingenio no tendrá ningún límite.

La clave para administrar la nación y las tropas radica en tomar las medidas correspondientes tras una profunda observación del espectro psicológico y del sentimiento de las masas. En situaciones apremiantes y peligrosas cabe transmitir seguridad. Al hombre que siente miedo en su corazón se lo debe alegrar; para el que ha abandonado el país, se debe hallar la manera de atraerlo nuevamente; al hombre acusado injustamente, se lo debe exonerar; ante una acusación se debe realizar una clara investigación. A aquellos hombres que poseen altas habilidades y puestos bajos, se ha de promoverlos; a los hombres violentos, controlarlos; a quienes están en contra, eliminarlos; respecto de quienes anhelan riqueza, se debe buscar la manera de satisfacerlos; a quienes desean servir, hay que otorgarles un cargo; a los que temen exponerse, ocultarlos; a los buenos estrategas, tenerlos cerca; a los que rumorean, abandonarlos; a los que calumnian, castigarlos; a los que traman una rebelión, eliminarlos; a los insolentes, frustrarlos; a los presumidos, controlarlos; a los que desean reintegrarse, enlistarlos; a los vencidos, ayudarlos a establecerse; a los que se rinden, se los perdona.

Al invadir un territorio estratégico, hay que defenderlo; al ocupar un sitio escarpado, se debe establecer una fortaleza; al tomar un territorio difícil de atacar, es necesario estacionar a las tropas y vigilar; al capturar una ciudad, se deben distribuir las recompensas entre los que sirvieron con mérito; al apropiarse de tierras, hay que conferirlas

---

41 *El tian dao* (天道), traducido literalmente, significa: "la ley del movimiento y del cambio de las cosas". Es un concepto filosófico manejado por los antiguos pensadores chinos que refiere a la ley de movimiento de los cuerpos celestes.

a aquellos que se hayan esforzado y los bienes materiales se deben distribuir entre todos.

Cuando el enemigo se mueve, debe ser sometido a una observación minuciosa; cuando está cerca, se aumenta la vigilancia; si el enemigo es poderoso, se ha de aparentar debilidad y ser prudente; cuando el adversario espera, descansado y a gusto, se lo debe evitar; si ataca, se debe atacar resueltamente; si es brutalmente salvaje, se lo debe evadir; si viola los principios del Cielo, corresponde condenarlo a través de la justicia; si presenta una unidad armoniosa, se intenta dividirlo.

Conforme a los movimientos del enemigo, se debe frustrarlo; según sus circunstancias, hay que destruirlo; se debe emitir información falsa para provocar errores; hay que rodearlo por los cuatro costados y aniquilarlo.

Los bienes materiales obtenidos no deben ser apropiados para beneficio de uno mismo. Los terrenos ocupados no deben ser guardados para uno mismo. Las ciudades conquistadas no deben ser ocupadas por mucho tiempo. Es conveniente establecer como monarcas a los hombres de la ciudad conquistada y se los debe mantener en su posición; las decisiones deben provenir de uno mismo, el mérito debe ser atribuido a los oficiales y soldados. Conociendo esto se tendrá una verdadera ventaja en cualquier sitio.

Dejar a otros ser duques para ser uno mismo el emperador, dejar que ellos custodien las ciudades y que recauden impuestos.

En el mundo, todos los hombres respetan a sus ancestros, unos pocos aprecian al pueblo.

El respeto por los ancestros solamente es el camino del amor parental, el aprecio por el pueblo es el camino para ser soberano.

Se debe prestar atención a la agricultura y no perder la temporada de cultivo; bajar los impuestos y no dejar empobrecer al pueblo; disminuir la servidumbre y no fatigar los recursos financieros de las personas. De esta manera, el país gozará de abundancia y el pueblo será "feliz". Luego, se ha de seleccionar personas virtuosas para dirigirlo.

Se llama hombre virtuoso a quien el pueblo llama héroe. Por lo tanto, si se captura a los héroes de los estados enemigos, estos se encontrarán sumergidos en una situación difícil. Las personas virtuosas [héroes] son la columna vertebral de un Estado y el pueblo, su esencia. Si se conquista su columna vertebral y se domina su esencia, entonces la política fluirá y no habrá quejas.

Lo esencial para el correcto manejo de las tropas radica en prestar especial atención al ceremonial (ritual) y otorgar un buen salario a los funcionarios.

Si la práctica del ceremonial (ritual) es sublime, entonces los hombres sabios arriban por voluntad propia; si los salarios son buenos, los hombres leales prestan servicio con felicidad, sin considerar la muerte.

Por lo que conviene ofrecer altos salarios para dar un trato preferencial a los hombres virtuosos, sin escatimar los bienes materiales; recompensar sin dilaciones a quienes han prestado un servicio meritorio. De esta manera, los subordinados trabajarán con un propósito en común y debilitarán al Estado enemigo.

El método para manejar al hombre [un hombre] es respetar el título de nobleza y ofrendar fortuna y bienes. Así, los hombres virtuosos prestarán servicio en forma voluntaria. Utilizar el ceremonial (ritual) para recibirlo, la justicia para alentarlo. De este modo, los hombres justos rendirán servicio hasta la muerte.

Es necesario que el comandante en jefe comparta con los soldados las alegrías y las penas, la seguridad y el peligro. Así se podrá atacar al enemigo y se obtendrá una completa victoria. El enemigo será entonces completamente capturado.

Una antigua leyenda cuenta que una persona le obsequió un buen vino a un excelente general. El general mandó a llamar a este hombre y le ordenó verter el vino en el río. Luego convocó a todos los soldados, quienes, juntando las manos, comenzaron a beber.

Es obvio que el sabor y el aroma del vino se perdieron en el río, pero los soldados sintieron una profunda admiración por el general. Retribuirán su actitud prestando servicio y combatiendo hasta la muerte. La causa de esto es que el general comparte lo bueno y lo malo con ellos.

Si el pozo de agua no fue cavado, el comandante en jefe no dice tener sed; si la tienda no fue armada, no manifiesta estar cansado; si la comida aún no ha sido preparada, no pretende estar hambriento.

En el invierno, no se envuelve en ropa de cuero si los soldados no la visten; en el verano, no utiliza abanico si ellos no lo tienen; si llueve, no utiliza cobertor si los soldados no lo tienen. Esto es llamado el ceremonial (ritual) del general.

Si el general puede compartir lo bueno y lo malo con sus soldados, las tropas son indivisibles y no conocen la fatiga. Esto se debe a que los oficiales y los soldados comparten mutuamente una afección emotiva positiva y una misma idea. Por eso digo: el comandante en jefe que constantemente se interesa por comprender a sus soldados podrá derrotar a muchos involucrando a unos pocos.

El prestigio de un comandante en jefe radica en la emisión de las órdenes. La razón por la cual se obtiene la victoria en batalla se encuentra en la correcta administración de las tropas. El motivo por el cual los soldados no temen entrar en batalla reside en obedecer las órdenes emitidas.

Por eso, las órdenes emitidas por el comandante deben ser imperiosamente llevadas a cabo y las recompensas y los castigos, otorgados. Al igual que en el cielo y en la tierra, se debe ser imparcial, de esta manera se podrá controlar a los soldados.

Si los soldados obedecen las órdenes, entonces pueden dejar el país para hacer la guerra. Son los comandantes en jefe quienes, a la hora de dirigir, deben conocer muy bien la situación del enemigo, para así acertar en la decisión de entrar en batalla. Son los soldados quienes capturarán al enemigo y obtendrán la victoria. Por lo tanto, un comandante en jefe que conduzca de manera inadecuada no deberá guiar las tropas; si las tropas presentan disensión y discordia, no podrán atacar al enemigo.

Este tipo de tropas no puede atacar ciudades ni mucho menos destruir el país enemigo. Estas dos situaciones son inadmisibles, puesto que conducen inevitablemente al desgaste y a la fatiga de las tropas. Si la fuerza de estas se debilita y se fatiga, esto hará que el general quede aislado y que los soldados no obedezcan. Utilizar tropas con estas características para defenderse no es prudente. Si se las utiliza para atacar, seguramente serán derrotadas.

A esto se lo llama la decadencia de las tropas. Si las tropas están exhaustas, el comandante en jefe pierde su reputación; si él pierde su autoridad, los soldados no les tienen miedo a los castigos; si los soldados no tienen miedo de ser castigados, las tropas entran en caos; si las tropas entran en caos, inevitablemente huyen; si huyen, el enemigo aprovecha para atacar; si el enemigo ataca, entonces las tropas forzosamente sufren una aplastante derrota.

Un buen comandante en jefe debe comandar a los soldados y tratarlos como se trata a sí mismo. Si emplea la generosidad y la benevolencia, entonces la eficiencia en combate de los soldados aumentará día a día; a la hora de iniciar la batalla, serán rápidos y violentos como un viento feroz; a la hora de atacar, lo harán con la fuerza y la determinación de los ríos. Las tropas que posean estas características podrán desmoralizar al enemigo volviéndolo incapaz de resistir y así generar su rendición. El comandante en jefe que puede comandar a sus soldados dominará las tierras que yacen bajo el cielo.

Dirigir las tropas implica considerar las recompensas al exterior y los castigos al interior. No se debe proceder con unas y descuidar a los otros[42].

Si se es estricto y justo en el cumplimiento de recompensas y castigos, el prestigio y la reputación del general aumentan; si los oficiales son competentes, los soldados sienten una sincera admiración; si los hombres que ocupan importantes cargos manifiestan integridad y habilidad política, el Estado enemigo temerá. El Estado gobernado por hombres virtuosos podrá ser invencible. Entonces, se debe ser modesto y cortés para con ellos, no arrogante [negligente]; al tratar con los comandantes en jefe se debe infundir en ellos un estado de ánimo alegre y no corresponde preocuparlos sin necesidad; las estrategias deben ser meditadas con detenimiento. La indecisión o la vacilación no tienen lugar.

Si el trato hacia los hombres virtuosos es arrogante, entonces los subordinados no sentirán admiración por su superior; si el comandante en jefe está preocupado [preocupación secreta], habrá desconfianza. Si se es irresoluto en la estrategia a definir, el enemigo aprovechará la oportunidad. De esta manera, al entrar en combate inevitablemente el resultado será calamitoso y caótico. El destino del país se halla en manos del comandante en jefe, por lo tanto, este debe tener la habilidad suficiente para comandar las tropas y vencer al enemigo. Solo así el país gozará de estabilidad y firmeza.

Un comandante en jefe debe ser honesto y recto, calmo, justo e imparcial y solemne. Debe tolerar las opiniones contrarias, saber distinguir claramente entre lo correcto y lo incorrecto, poseer talento, aceptar las opiniones de las masas; debe entender las condiciones locales de cada Estado, conocer perfectamente la geografía de las montañas,

---

42 Aquí se está refiriendo a que las recompensas deben ser exhibidas, mostradas para ser vistas, mientras que el castigo debe ser aplicado de manera de producir una modificación interior duradera.

de los ríos; debe estar informado acerca de los peligros y dificultades topográficos y conocer profundamente el poder de sus tropas.

Por eso digo: la sabiduría de la benevolencia, la virtud, la previsión del sabio, las opiniones del pueblo, las de los monarcas, el análisis de la prosperidad y la decadencia del pasado son todas cuestiones que el comandante en jefe ha de conocer en profundidad.

Si un comandante en jefe busca la virtud, al igual que un hombre sediento busca agua, entonces los hombres con ingenio se reunirán a su alrededor. Si no escucha las opiniones de sus subordinados, estos lo abandonarán; si no presta atención a las estrategias que le proporcionan, desertarán.

Si el comandante en jefe no sabe distinguir entre el bien y el mal, los hombres que hayan servido en forma meritoria se desanimarán. Si se aferra con obstinación a sus decisiones sin permitir opiniones, los subordinados atribuirán los errores a sus superiores; si presume de sí mismo, sus subordinados no prestarán un servicio meritorio; si cree en cada calumnia que escucha, generara desunión. Si solo anhela la riqueza, será incapaz de controlar la maldad; si se aferra asiduamente a los encantos de las mujeres, sus soldados serán excesivamente promiscuos.

Si el general en jefe posee una de estas falencias, sus subordinados no tendrán una firme convicción y no obedecerán; si posee dos de ellas, la ley y la disciplina dejarán de reinar al interior de sus tropas; si posee tres, todo su ejército será derrotado; si posee cuatro, traerá calamidades al país y al pueblo.

La estrategia del comandante en jefe deber ser confidencial; el pensamiento de los soldados debe ser "uno solo"; el movimiento del ataque debe ser rápido. Si la estrategia del comandante permanece en secreto, entonces el enemigo no podrá salirse con la suya; si el pensamiento de los soldados es uno, las tropas serán unidas y sin diferencias; si el movimiento de ataque al adversario es rápido, este no tendrá tiempo para defenderse.

Si se llevan a cabo estos tres principios, el plan de acción de las tropas no devendrá en derrota.

Si por el contrario se revela el plan estratégico, entonces las tropas dejarán de tener una situación favorable; si el enemigo logra infiltrarse y obtener nuestra información, no se podrá detener el desastre; si la ilegalidad penetra en los cuarteles, los malhechores se juntarán.

Si el comandante en jefe posee estas tres falencias, todas sus tropas serán derrotadas. Si no piensa profundamente y planifica con cuidado, los sabios lo abandonarán. Si no posee coraje y valentía, los oficiales y los soldados tendrán miedo. Si toma medidas imprudentes, la moral de las tropas será inestable. Si desahoga su ira en personas inocentes, todas las tropas sentirán miedo.

El pensamiento profundo y cuidadoso y la firme valentía son las condiciones más valiosas del carácter moral de un comandante en jefe.

El arte para manejar las tropas radica en moverse en el momento correcto y enfurecerse cuando sea pertinente. Por lo tanto, reflexión, valentía, capacidad de acción y de "furia" son cuatro condiciones que un comandante en jefe debe asumir con prudencia.

Si dentro de las tropas no hay fortunas y bienes, entonces los hombres no se acercarán para someterse a la autoridad. Si no existen las recompensas, los oficiales y los soldados no marcharán al frente con valentía. Al atractivo cebo aromático y tentador, siempre hay un pez que lo trague [engancharse]. Por una generosa recompensa, siempre habrá hombres que se atreverán a morir [recompensas que necesariamente deben ser otorgadas].

Por lo tanto, el *li* es aquello que lleva al soldado a someterse sinceramente a la autoridad de otro, y el *shang* (la recompensa), aquello que lo induce a entregar su vida con felicidad. Cuando se atrae a los hombres a través de todo aquello que genera en ellos la necesidad de prestar sincero servicio y también de las cosas que los incitan a dar sus vidas por una causa, entonces la cantidad de personas que hagan falta se reunirá automáticamente.

Por consiguiente, si en primer lugar se utiliza el *li* para el trato y a eso sobreviene el arrepentimiento, los soldados no permanecerán unidos. Si primero se muestran las recompensas y después estas no son otorgadas, no desearán recibir obligaciones.

Solamente si la presencia del *li* y de la recompensa es constante los subordinados darán sus vidas.

Un país que necesita entrar en estado de guerra, ante todo debe otorgar generosos favores y beneficios a los soldados; si debe atacar, primero debe dejar descansar a la gente. La posibilidad de derrotar a muchos usando a pocos es el resultado obtenido por otorgar ayuda y beneficios a todos los subordinados.

Por lo tanto, un buen comandante en jefe apreciará a sus subalternos y los tratará de la misma manera como se aprecia y trata a sí mismo. De este modo podrá hacer que los tres ejércitos posean un solo corazón[43] y vencer en cada batalla.

La clave para hacer la guerra radica ante todo en conocer bien la situación del enemigo, inspeccionar sus depósitos y calcular la cantidad de alimentos y forrajes que posee, juzgar si sus tropas son fuertes o débiles, investigar las circunstancias de la topografía y del clima en los que se encuentra, buscar su punto débil.

Si un país que no ha entrado en guerra, y, sin embargo, transporta alimentos –lo cual habla de su escasez– y si las personas están delgadas y demacradas, esto indica que el país está empobrecido. Si desde lejos envían comida, el pueblo pasará hambre; si la leña y la comida son circunstanciales, los soldados no podrán comer hasta saciarse.

Si es imperioso transportar alimentos desde mil millas de distancia, significa que el país sufrirá un año de escasez de alimentos; desde dos mil millas de distancia, el país sufrirá dos años de escasez; desde tres mil millas, serán tres años. A esto se lo llama un país vacío.

---

43 Estarán unidos por una sola causa o idea.

En un país vacío, el pueblo inevitablemente es pobre; si el pueblo es pobre, no existe una relación armoniosa entre lo alto y lo bajo [superiores y subordinados]. Bajo estas circunstancias, si el enemigo ataca desde afuera, en el interior las personas saquearán. Como consecuencia, el país ciertamente colapsará y será destruido.

Si el soberano es tiránico, los oficiales serán severos en exceso. Si los impuestos son excesivamente altos y las penalidades abusivas y violentas, la gente se alzará en rebelión. De esta manera, el país será destruido.

Cuando dentro del corazón se posee avaricia y en el exterior se aparenta honestidad, cuando mediante el engaño se gana una buena reputación, cuando se utiliza el nombre del Estado para el enriquecimiento personal, cuando la relación entre los altos mandos y los subalternos no es clara, cuando tanto lo correcto como lo incorrecto es oscuro, cuando se obtienen cargos oficiales simulando honestidad, a todo esto se lo llama el principio de usurpación del poder del país.

Cuando los funcionarios del gobierno forman camarillas para perseguir intereses egoístas, cuando cada uno de ellos otorga cargos sobre la base de la amistad, cuando se confían cargos importantes a personas malvadas y se suprime a los hombres buenos, cuando se abandona la justicia, se persiguen intereses personales y se generan ataques innecesarios entre colegas, todo esto origina el desastre y el caos que arruinan el país.

Cuando los ricos y los poderosos se unen y cometen perjuicios, aunque no posean cargos oficiales y sean ilustrados, y cuando no hay nobles pero, en cambio, los poderosos son muchos, no hay nadie que no sienta miedo.

Cuando colaboran entre sí y se unen como la maraña de vides, cuando existen favoritismos privados, cuando se toma el poder por la fuerza, cuando se intimida y oprime a las personas pobres, cuando dentro del país los gritos de descontento se elevan por todas partes, cuando los oficiales no hablan con claridad y encubren los asuntos de Estado, a esto se lo llama *luan gen*, la raíz del caos.

Si durante generaciones se ha hecho el mal, si se ha erosionado la autoridad del emperador, si cada acto se ha realizado para beneficio personal, si se han distorsionado las leyes y se ha puesto en peligro al monarca, a esto se lo llama traición a la patria.

Si los oficiales del gobierno son numerosos y los civiles, pocos; si la distinción entre superiores y subalternos [el arriba y el abajo] no es clara; si el fuerte intimida al débil; si existe incapacidad para prohibir y si incluso esto se prolonga y alcanza a los buenos hombres, entonces el país sufrirá calamidades.

Si se ama a los hombres buenos pero se les escatiman los cargos; si se detesta a los malvados pero no se los aleja; si a los hombres que poseen virtud y talento se los separa de la vida política y si aquellos que no poseen ni talento ni virtud pertenecen a la esfera del poder, entonces el país correrá sin remedio a su destrucción.

Si la autoridad de la corte imperial es poderosa y en su interior se conceden favores mutuos; si durante mucho tiempo se roban los altos puestos, se maltrata a los débiles, se ataca a los superiores, el poder se va incrementando y el monarca soberano [emperador] no puede deshacerse de esta gentuza, pues el país padecerá la ruina.

Si hombres astutos y aduladores poseen el poder, las tropas en su totalidad se sentirán indignadas y agraviadas. A través del poder y de la influencia, hacen ostentación de sí mismos y en cada acto se violenta la voluntad popular. Sus actos son corruptos y no poseen límites adecuados, sus acciones apuntan solamente a adular a sus superiores. Solo confían en sí mismos, cada suceso es para jactarse de sus méritos.

Calumnian a los soldados virtuosos, perjudican con falsas acusaciones a los que han prestado un servicio excepcional.

No poseen criterio para distinguir lo bueno de lo malo, persiguen sus propios intereses. La acumulación de asuntos gubernamentales impide la transmisión de decretos hacia los subordinados. El gobierno es tiránico, modifica el sistema legal y las normas tradicionales.

Si el monarca otorga poder al adulador, ciertamente se enfrentará al desastre.

Estos mediocres alcanzan una alta posición mediante el engaño, embaucan al soberano y hacen que este no distinga entre lo correcto y lo incorrecto. La calumnia y la adulación extrema son constantes y obstruyen el oído del soberano, volviendo dificultosa la distinción entre el bien y el mal. Cada cual protege a sus secuaces, llevando al soberano a perder a sus oficiales de confianza.

Por lo tanto, este debe poder descubrir con claridad este tipo de discurso, para así detectar a tiempo el germen de la destrucción. Debe convocar a personas con talento, para hacer a un lado a los aduladores.

Por lo tanto, el soberano otorgará altos puestos a los oficiales virtuosos y antiguos. Todas las cosas serán, entonces, administradas con sabiduría. El soberano reclutará a los ermitaños de las montañas y de los bosques; de esta manera, logrará rodearse de personas virtuosas con talentos reales.

El soberano oirá la opinión de la gente en cada asunto que emprenda, escribiendo los logros en bambú y seda.[44] Así, no perderá el sentimiento popular y su virtud podrá permanecer bajo el cielo y diseminarse.

A la hora de despachar tropas para hacer la guerra, es importante que el comandante en jefe tome sus propias decisiones. Si las órdenes de avance o retirada de las tropas son controladas por el monarca, difícilmente se obtendrá una victoria.

El método para enfrentar al ingenioso, al bravío, al codicioso y al estúpido es diferente en cada caso. Al hombre con ingenio le gusta cumplir los objetivos, al bravío le agrada consumar sus aspiraciones, al codicioso le encanta perseguir la riqueza y los puestos oficiales, el estúpido

---

44 El bambú y la seda eran utilizados en la antigüedad para escribir. Da la idea de construir una obra inmortal. También se refiere a los libros antiguos.

no valora su vida. Se los empleará sobre la base de los puntos características de cada uno. Este es el arte político del manejo de los soldados.

No es prudente dejar al hombre elocuente hablar acerca de las cualidades del enemigo, ya que puede confundir a las personas. No se debe pedir al hombre clemente que trate los asuntos financieros, porque él malgasta el dinero al satisfacer las demandas sin análisis previo.

Es preciso prohibir la presencia de brujos o chamanes en las tropas, para evitar que hagan predicciones de buena o mala fortuna a los oficiales y soldados.

Los hombres de altos principios morales no se venden por dinero ni dan sus vidas por aquellos que no son benevolentes; los hombres inteligentes no dan consejos a un monarca sombrío.

El monarca no puede carecer de moral. Si no tiene moral, los oficiales lo traicionarán. Tampoco puede carecer de poder e influencia, ya que, entonces, perderá autoridad.

El oficial no puede carecer de moral ya que si este es su caso, no podrá ayudar a gobernar al monarca; no puede adolecer de poder e influencia, de lo contrario el país será débil, pero si el poder es demasiado, entonces caerá por sí mismo.

En consecuencia, un soberano sabio gobernará la tierra bajo el cielo examinando y observando los cambios de prosperidad y decadencia y meditando respecto de las causas de las ganancias y las pérdidas. De este modo, establecerá un sistema.[45]

Los príncipes tendrán jurisdicción sobre los dos ejércitos, los *fang bo*[46] administrarán los tres ejércitos y el emperador regulará los seis ejércitos.

---

45 Se refiere a la elaboración de un sistema de regulaciones y pautas.

46 El *fang bo* (方伯) es un concepto perteneciente al antiguo vocabulario de la lengua china. Su origen se encuentra en el *Libro de los ritos* (礼记·王制). El emperador divide el Estado vasallo y nombra a una persona de confianza, a la que le otorga el título de príncipe, con la finalidad de suprimir y apaciguar cualquier tipo de rebelión (levantamiento); este es el *fang bo*.

Si hay confusión bajo el cielo, los rebeldes aparecerán gradualmente.

Si las recompensas se han agotado, los príncipes establecerán alianzas entre sí, pero también se atacarán mutuamente. El equilibrio de fuerzas entre ellos es igual, por lo que no hay forma de derrotar al oponente. Por consiguiente, se debe hacer todo lo posible por obtener el apoyo de aquellos que poseen un corazón de héroe y, junto con la masa, amar y detestar las mismas cosas... Ellos significa utilizar la flexibilidad como táctica política.

El hombre sabio puede experimentar y observar las leyes del universo, el virtuoso puede seguir el ejemplo de la ley natural y el hombre inteligente puede seguir los conceptos antiguos como guía, para asimilar las lecciones y las experiencias de los antepasados.

Si los favores se extienden hacia el pueblo, los hombres virtuosos se apegarán a él. Si se extienden a todas las cosas, entonces los sabios se apegarán a él. Con el apoyo de los hombres virtuosos, el país podrá ser próspero y fuerte; con el de los sabios, se mantendrá unido y fuerte.

Para obtener el apoyo de los hombres virtuosos, aplicará la moral (virtud, *dé*, 德); y el *Dao* (道) para el de los sabios. Si los hombres virtuosos lo abandonan, el país se debilitará; si lo hacen los sabios, el caos se apoderará de él. La debilidad es un paso que acerca al peligro. La confusión y el caos son presagio de la destrucción. Si el hombre virtuoso está en el poder, podrá hacer que los hombres obedezcan en acción. Si el sabio se encuentra en el poder, hará que los hombres obedezcan desde el corazón.

El *Dao*, el *dé* (virtud, moral), el *ren* (仁, benevolencia), la *yi* (义, justicia) y el *li* (礼, ceremonial, ritual) deben estar mutuamente interconectados, como si fueran un todo. El *Dao* es lo que todos deben seguir; el *dé*, lo que los hombres deben obtener del *Dao*; el *ren*, lo que debe presentarse en las relaciones entre los hombres; la *yi*, lo que todos deben practicar; y el *li* debe ser la norma de conducta de todos los hombres. No se puede prescindir de ninguno de estos cinco preceptos.

Si no se solucionan los problemas internos y se busca expandirse, se trabajará en vano. Si se implementan políticas que satisfagan el interés de la gente, en cambio, el pueblo anhelará agradecer al monarca y el país tendrá muchos oficiales leales.

Si se ponen en práctica políticas que malgasten los recursos humanos y materiales, el pueblo se quejará del monarca y el país será habitado por personas con odio y resentimiento.

Si se desea la expansión del territorio, inevitablemente se abandonarán los asuntos internos. Si se hace todo lo posible por ampliar la conducta moral, el país será poderoso y próspero.

Si no se da el ejemplo y solamente se reprende [sermonea] a los otros, se estará violentando el sentido común.

Es de sentido común que un hombre decente primero se corrija a sí mismo, luego eduque a los demás con sus actos.

Violentar el sentido común es la raíz del caos; marchar conforme al sentido común es la clave de la estabilidad.

Índice

La presente edición de *Discurso sobre el
arte de la guerra*, de Wu Qi, se terminó de
imprimir el 20 de mayo, bajo el cuidado de
IRAP Servicios gráficos

Rosales 4288, B1672 Villa Lynch,
Provincia de Buenos Aires

Fue compuesta en caracteres
Garamond y Georgia, con cuerpos
variables entre 8 y 12.

TOLLE, LEGE.